中国少数民族人口丛书

# 柯尔克孜族

翟振武 主编
阿斯卡尔·居努斯/编著

中国人口出版社
China Population Publishing House
全国百佳出版单位

图书在版编目（CIP）数据

柯尔克孜族/阿斯卡尔·居努斯编著．—北京：中国人口出版社，2013.12（2022.7重印）
（中国少数民族人口丛书）
ISBN 978-7-5101-2215-6

Ⅰ.①柯…　Ⅱ.①阿…　Ⅲ.①柯尔克孜族—民族文化—中国　Ⅳ.①K283.7

中国版本图书馆 CIP 数据核字（2013）第 302782 号

**中国少数民族人口丛书　柯尔克孜族**
ZHONGGUO SHAOSHU MINZU RENKOU CONGSHU　KE'ERKEZIZU

翟振武　主编　阿斯卡尔·居努斯　编著

---

责任编辑　曾迎新
美术编辑　刘海刚
责任印制　林　鑫　王艳如
出版发行　中国人口出版社
印　　刷　北京兴星伟业印刷有限公司
开　　本　710 毫米 ×1000 毫米　1/16
印　　张　10.75　插 1
字　　数　142 千字
版　　次　2013 年 12 月第 1 版
印　　次　2022 年 7 月第 2 次印刷
书　　号　ISBN 978-7-5101-2215-6
定　　价　42.00 元

---

网　　址　www.rkcbs.com.cn
电子信箱　rkcbs@126.com
总编室电话　(010) 83519392
发行部电话　(010) 83510481
传　　真　(010) 83538190
地　　址　北京市西城区广安门南街 80 号中加大厦
邮　　编　100054

---

# 序

如果把一个民族比作一颗星星，那我们就是生活在一个繁星满天的世界。当今世界上有约 3000 个民族，分布在 200 多个国家和地区，绝大多数国家由多个民族组成。中国也是同样，是由各族人民共同缔造的统一的多民族国家。在漫漫的历史长河中，生活在中华大地上的各族人民密切往来、交流融合、团结奋斗、休戚与共，形成了一个伟大的强盛的中华民族大家庭，共同开发了祖国的美好河山，共同推动了国家的发展和社会的进步。

在中华民族的大家庭中，有 56 个成员，其中有 55 个是少数民族。新中国成立以来，少数民族人口一直持续增长。1953 年第一次全国人口普查时，少数民族人口总数为 3532 万人，占全国总人口的 6.1%。2010 年进行第六次全国人口普查时，少数民族人口总量达到了 1.14 亿，几乎是 1953 年的 3 倍，占到了全国 13.4 亿人口的 8.5%。各少数民族人口数量相差较大，如壮族有 1693 万人，回族 1059 万人，满族 1039 万人，维吾尔族 1007 万人，而赫哲族只有 5354 人，塔塔尔族 3556 人，独龙族 6930 人。中国各民族的人口分布呈现大散居、小聚居、交错杂居的特点。汉族地区有少数民族聚居，少数民族地区也有汉族居住；许多少数民族既有一块或几块聚居区，又散居全国各地。中国少数民族聚居区大都地广人稀，资源富集。少数民族地区的草原面积，森林和水力资源蕴藏量，以及天然气等基础储量，均超过或接近全国的一半。全国 2.2 万多公里陆地边界线中的 1.9 万公里在民族地区。全国的国家级自然保护区面积中民族地区占到 85%以上，是国家的重要生态屏障。中国各民族的起源和经济、社会、文化的发展有着本土性、多元性、多样性的特点，五彩缤纷，丰富多彩。

要全面认识中华民族，就要从认识每一个民族开始。正是从这个理念出发，我们编写了这套《中国少数民族人口》大型系列丛书，力图从历史、文化、经济、社会等各个方面，用准确、科学、生动的语言，全方位描述和展现各少数民族灿烂辉煌的历史和现状，编织出一幅绚丽多彩的中华民族大家庭的“全家福”。

编写这样一套大型系列丛书，难度非同一般。几经论证和深入研讨，最终形成了编写大纲，这套丛书各个分卷的作者绝大多数由少数民族作家担任，他们不仅熟悉自己民族的历史和文化，而且对本民族有深厚的感情。在国家新闻出版总署、国家人口计生委和中国人口出版社的大力支持下，作者们历经数年，几易其稿，终成此书。值此丛书出版之际，我们衷心地祈愿这幅“全家福”能为民族的交流和团结，为中国的文化建设，为整个中华民族的繁荣昌盛，作出一份微薄的贡献。

翟振武

2012 年 5 月于北京

# PREFACE

Every nationality sparkles like a star in the firmament. Now we have about 3000 stars distributed across the world in more than 200 countries, most of which are multinational. So is China, which consists of a number of nationalities. For centuries, all the nationalities have lived together, worked together and fought together, making China a prosperous unified multinational country.

Of all the 56 nationalities in China, 55 are minorities whose population has been increasing since the founding of The People's Republic of China. According to the first census in 1953, the minority population was about 35. 32 million, accounting for 6. 1 percent of China's total population. By 2010, the number had almost tripled. According to the sixth census, the population of the minorities amounted to 114 million, making up 8. 5 percent of the 1. 34 billion people in China. The population size of minority groups varies a lot. Some of them have a large population, for example, the Zhuang Nationality has a population of 16. 93 million; the Hui has 10. 59 million people and the Manchu consists of 10. 39 million people. Some of the minorities are quite small, such as the Hezhe, the Tatar and the Drung nationalities, which have populations of 5354, 3556 and 6930, respectively. China's nationalities live together over vast areas with some living in individual, concentrated communities in small areas.

Some minorities'concentrated communities are scattered among the Hans, and some Han people also live in the minority communities. Some minorities may have one or more concentrated communities, while their people spread all over the country. Most minorities'concentrated communities have their people sparsely distributed in large areas with abundant resources. The grassland, forest, water and natural gas reserves in areas inhabited by minority people account for about half of China's total. Further, 19 000 kilometers of the nation's 22 000-kilometer land boundary are in minorities'communities. In addition, 85 percent of the country's state-level natural reserves are in the minority areas, making the people important guardians of China's ecology. Each of the nationalities'origin is unique, and their development of economy, society and culture is full of variety.

Only by learning every aspect of the minorities'lifestyle can we have a comprehensive understanding of the Chinese nation. Under this notion, we write this series of books on the Population of China's Minorities to provide a detailed picture of our Chinese nation, with the glorious past and prosperous present of the country's minorities.

It is through trials and tribulations that we write this spectacular series of books. Most of the authors, who have profound knowledge of the minorities and wrote the books with their strong emotions, are members of minority groups. With the great support of the National Publication Foundation, the National Population and Family Planning Commission and China Population Publishing House, the authors completed the books after years of unremitting endeavor.

On the publication of this series of books, we are looking forward to seeing these books contribute to the unity of the Chinese nation and help our country flourish in the future.

*Zhenwu Zhai*

Beijing

May 2012

# 目录

# Contents

# 综述

柯尔克孜族是我国西北的一个古老的少数民族。她的历史可以追溯到两千年前，最初活动地区在叶尼塞河流域。逐渐从叶尼塞河流域迁徙到了天山地区。柯尔克孜族的历史发展，分为叶尼塞柯尔克孜族和天山柯尔克孜族两个历史时期。

柯尔克孜族是个有着悠久历史和灿烂文化的古老民族，约公元前3世纪末，匈奴冒顿单于在击走月氏，吞并楼烦、白羊、河南王的同时，又征服了北方的诸族，其中有“鬲昆”，这是汉文史籍对柯尔克孜族的最早记载。《汉书》作“隔昆”，“鬲昆”或“隔昆”即柯尔克孜族的先民，“鬲昆”是当时柯尔克孜族的译音。三国时期成书的《魏略》称柯尔克孜族为“坚昆”，根据相对位置来看，则坚昆当在丁零以西叶尼塞河和额尔齐斯河之间。《北史》的“契骨”，也是柯尔克孜的译音。其活动地区更明确为阿辅水（阿巴根河）与剑水（叶尼塞河）之间。《新旧唐书》皆作黠戛斯，至《元史》始称吉利吉思。

至唐代，柯尔克孜族人口达数十万，胜兵八万。他们虽然仍以牧业为主，但农业生产已有一定程度的发展。他们能用铁制造兵器，使用十二生肖纪年。柯尔克孜族的语言属于阿尔泰语系突厥语族。五六世纪时，由于受突厥统治，柯尔克孜也使用了古突厥文。

柯尔克孜族与唐朝保持了良好的关系。840年，其首领阿热乘回鹘汗国统治集团发生内讧及遭受灾荒的时机，在回鹘大将句录莫贺引导下，发十万大兵侵袭回鹘汗国，杀可汗诛据罗勿，迫使回鹘各部离开故土，南下西迁，以阿热为首的黠戛斯统治集团在原回鹘汗国领土基础上，建立起了强大一时的黠戛斯汗国。

至10世纪时，契丹族兴起，黠戛斯成为辽的属国，《辽史》称当时的黠戛斯作辖戛斯。作为辽的属国，辽在辖戛斯设“辖戛斯国王府”，有义务出兵为辽打仗及按时向辽朝贡。

12世纪末，蒙古兴起时期，柯尔克孜也受到蒙古的侵袭。1204年，铁木真称成吉思汗，将包括柯尔克孜在内的百姓分封给自己的弟弟豁儿赤。

元亡之后，柯尔克孜族的近邻西蒙古瓦剌部强盛起来，柯尔克孜族又成为瓦剌的属部。15世纪前期瓦剌统治的时间并不久，随着也先的死亡，柯尔克孜也就摆脱了瓦剌的统治。

16世纪时，在叶尼塞河一带的柯尔克孜族分成四个部分，或被称为四个王国，即图瓦王国、叶泽尔王国、阿勒蒂尔王国和阿勒蒂萨尔王国。16世纪末、17世纪初，准噶尔部逐渐强大，柯尔克孜族及其地区，很大一部分成为准噶尔的属部和属地。但是，就在这时，沙皇俄国向东侵略扩张的矛头伸到了柯尔克孜地区，柯尔克孜族人民对沙俄的侵略扩张活动进行了激烈的反抗。柯尔克孜人民可歌可泣的反侵略斗争给沙俄殖民者以沉重的打击。但是，终因寡不敌众，柯尔克孜人民被迫实行大迁徙。大部分人以后均迁到了西部伊塞克湖地区，后来，由于厄鲁特准噶尔部统治者的压迫，一部分又从伊塞克湖逃往中亚塔什干、费尔干盆地及其附近山区，另一部分迁到了帕米尔高原、兴都库什山和喀喇昆仑山一带及其附近地区。

19世纪中叶，俄国势力逐步东侵，给清政府强加了一条西北边疆地区中俄边界的分界线，把大批柯尔克孜部落划归俄国。到1884年，清政府在新疆设省时，留在清朝版图内的柯尔克孜族人，只剩下当时柯尔克孜人口总数的1/20了。1916年，中亚地区的哈萨克族、柯尔克孜族因不堪忍受沙俄的专政统治进行反抗，结果遭到残酷镇压，约15万柯尔克孜族逃到北疆伊犁、南疆阿克苏、乌什、喀什、伽师等地。他们为求生存，历经千辛，苦不堪言。

辛亥革命以后，新疆柯尔克孜族人民经历了杨增新（1911～1928年）、金树仁（1928～1933年）、盛世才（1933～1944年）以及国民党历任统治。

抗日战争爆发后，柯尔克孜族人民积极参加抗日活动。许多青年参加了反帝会，牧民们为抗日前线捐献牲畜和各种物品。

1949年9月25日，柯尔克孜族人民与各族人民一道迎来了新疆和平解放。从此，结束了苦难深重的历史。1954年7月14日，克孜勒苏柯尔克孜自治州宣布成立，自治州包括阿图什市、乌恰县、阿合奇县、阿克陶县。如今，克孜勒苏柯尔克孜自治州已经在共和国的史册上写下了50多年民族自治的历史。

新疆柯尔克孜族人口主要分布在克孜勒苏柯尔克孜自治州，其他分布在伊犁、阿克苏地区、喀什地区和乌鲁木齐市等地，塔城地区、和田地区也有少量分布。2011年，柯尔克孜族人口为194 062，其中克孜勒苏柯尔克孜自治州柯尔克孜族人口为151 034，占77.8%。柯尔克孜族人口的男孩与女孩数量基本相等，没有遗弃女婴或重男轻女的现象。柯尔克孜族年龄构成仍属年轻型人口。

20世纪中叶以来，中国柯尔克孜族人口发展呈现出以下特点：一是柯尔克孜族居住地区相对比较集中，77%以上的人口聚集于天山南坡一带；二是柯尔克孜族人口较高增长时期在20世纪50～90年代；三是人口分布呈现大杂居小聚集的特点，无论是民族自治州还是民族自治乡，都是多民族聚集，反映出中国新疆历史上独特的地理人文景观；四是柯尔克孜族集中居住的天山南坡和东帕米尔、北昆仑山一带，自然条件恶劣，半荒漠带海拔上限达 2500 米以上。种植业不发达，柯尔克孜族世代以游牧为生；五是从柯尔克孜族人口年龄结构分析，仍然呈现出惯性增长趋势，从老少比指标来看，柯尔克孜族人口年龄结构仍然处于较高增长阶段。

柯尔克孜的来源和含义有种种解释，有“四十个部落”之说、“山中的乌古斯人”之说、“依山傍河之人”之说、“山里的游牧人”之说、“40 个姑娘”之说。柯尔克孜族历经秦、汉、魏、晋、南北朝、隋唐、宋、辽、元、明、清，最初活动地区在叶尼塞河流域和阿勒泰山，后逐渐迁徙到了天山、帕米尔地区，在历史的长河中不断吸收融合其他民族成分而逐渐发展形成了今天的柯尔克孜族。其人种是一种混合型的人种，即蒙古利亚人种与古欧罗巴人种的混合型。

迁徙在柯尔克孜族历史中占有重要地位，其迁徙活动经过了漫长的年代，艰苦的历程，对她各方面影响极大。如果将柯尔克孜族形成的历史和柯尔克孜族生存的环境以及她们在与之接触中发展起来的环境分隔开来（特别是柯尔克孜族大规模的迁移与频繁的分割和混合的时候），就不能历史地认识其族源问题和历史发展，可以说，不探讨柯尔克孜族的迁徙活动，就不能全面科学地研究柯尔克孜历史，尤其是她形成及发展的历史、其文化发达与衰落等的全过程。

柯尔克孜族以牧业为主，兼营农业，一小部分与其他民族杂居的，主要从事农业。20 世纪 50～60 年代，中国政府在新疆地区进行了一系列的社会变革，柯尔克孜族社会方式和经济生活发生了较大变化，与之相适应，文化生活也发生了较大的变化。与此同时，柯尔克孜族教育事业也获得了前所未有的发展。柯尔克孜族的文化素质结构发生了质变。

柯尔克孜语属于阿尔泰语系突厥语族东匈语支克普恰克语组。柯尔克孜语属于黏着语类型。它有34个音位，其中辅音音位20个。古柯尔克孜人最早使用岩画文，他们把生活中个别重大事件以及猎手们狩猎的情景都刻在岩石上。至迟始于5世纪，古柯尔克孜人使用卢纳文。柯尔克孜族信仰伊斯兰教之后，开始采用阿拉伯字母拼写自己的语言。

柯尔克孜族民间文学包括神话、传说、故事、史诗、叙事诗、寓言、民歌、谚语、谜语、绕口令等。《玛纳斯》是一部规模宏伟的英雄史诗，在国内外享有盛誉。《玛纳斯》既是整部史诗的统称，也是第一部的名称和第一部史诗主人公的名字。400年来，它广泛流传在柯尔克孜族人民中。史诗描绘了柯尔克孜族社会的各个方面，使它成为语言、历史、宗教、文化、政治、经济、哲学、美学、军事、医学、习俗的百科全书。其主要内容是玛纳斯及其子孙领导柯尔克孜人民反抗外族侵略的斗争，表现了人民争取自由和渴望和平生活的愿望，歌颂了爱国主义、英雄主义精神。

柯尔克孜族的手工艺品主要是工艺美术作品。古代柯尔克孜人的

**40多人同时演唱英雄史诗《玛纳斯》**　（姜晓明摄）

绘画、雕刻等造型艺术不仅优美动人，而且历史悠久。现代柯尔克孜人的美术作品主要是图案艺术。

柯尔克孜族舞蹈有单人舞、双人舞和集体舞多种，他们的习俗舞、生活舞、生产舞，除具有活泼彪悍、节奏性强的特点外，还十分接近生活。

柯尔克孜族的民族音乐相当发达，音乐遗产极为丰富。民间的阿肯（弹唱艺人）、额尔奇（民歌手）、库姆孜奇（琴手）等艺人通过多种演唱形式丰富了人民的生活。目前在民间流传的乐器有库姆孜、奥孜库姆孜、柯雅克、秋吾尔、唢呐、多兀勒、巴斯、邦达鲁等。

由于从事游牧生活，柯尔克孜族服饰特点是为骑马方便和适应高寒山区的气候，一般服饰都比较宽大结实、经久耐磨，衣袖比较长，袖边多缀以皮衣，用以御寒。

柯尔克孜族的传统食物与经济生产紧密相关，大多取自牲畜和禽兽，主要食物可分为三大类：肉类、奶类和谷面类。

柯尔克孜人喜用白毡盖毡房，称为“勃孜吾依”，这与他们崇尚白色有关。柯尔克孜族牧民夏天多住在气候凉爽的高山地带的河流附近，称“夏窝子”；冬季多住在气候温暖的山谷地带，称为“冬窝子”。多住毡房，以便拆卸和搬运的方便。现代柯尔克孜族基本上实现了定居，但仍保留了部分游牧民族的传统特点。

柯尔克孜族一般实行族外婚，直系亲属五代至七代内不能通婚，此外婚配范围不受限制。

柯尔克孜人的婚姻一般由父母包办，但也有自由选择。古代柯尔克孜游牧部落与定居的农业部落相比，青年男女有较多的接触机会，特别是在各种大型集会中，青年男女相互缔结终身后，请求父母同意并正式请媒妁说媒、纳聘成亲者不少。在现代，青年男女自由恋爱，征得父母同意后缔结良缘的婚姻家庭则更多。但是在广大柯尔克孜牧区，较普遍的依然是父母包办的婚姻。其订婚形式有指腹婚、幼年订婚和成年订婚三种。

柯尔克孜族传统节日有诺诺孜节、肉孜节、古尔邦节、掉罗勃左节、谢尔乃节、克米孜木润杜克节、阿克托依节、喀尔戛托依节。诺诺孜节是柯尔克孜族最古老的传统节日，节日仪式一般在每年春分时节，即3月22日，为柯尔克孜等族的新年。肉孜节即“开斋节”。伊斯兰教规定，每个成年人都要在伊斯兰历的9月封斋，满一个月后即可开斋，开斋这一天要举行庆祝活动，互相拜访，一连过3天。“古尔邦”为阿拉伯语“宰牲”之意，即宰牲以谢真主。这天日出时，成年男子要到集体礼拜寺或阿寅勒的草坪上做“乃玛孜”，回来要宰羊，并准备丰盛的食品。每年3月7～9日的“掉罗勃左节”，是柯尔克孜族一个非常古老的节日。这个节日主要是为纪念一位名叫掉罗勃左的柯尔克孜英雄。谢尔乃节的来历与柯尔克孜人纪念战斗的胜利有关。克米孜木润杜克节意为“马奶节”。阿克托依是秋收节日。喀尔戛托依节

**庆祝诺肉孜节**　（严鹏举摄）

只限妇女参加，在7月22日举行，是为纪念勇敢的柯尔克孜妇女而举行的隆重节日。

柯尔克孜族信仰有原始宗教、图腾崇拜、祖先崇拜、萨满教、袄教。在9世纪末至10世纪初，天山南部的部分柯尔克孜人改信伊斯兰教。柯尔克孜人以后陆续迁入天山、中亚各地，决定了他们分批、分期，至迟到18世纪才全民基本上信仰了伊斯兰教。在长期的历史过程中，由《古兰经》确定下来的伊斯兰教的教义、教规、教法以及婚姻、丧葬等制度，完全渗透到了柯尔克孜的思想、文化、道德、生活等各个领域，尤其对她的语言文字、文学、教育、艺术、建筑以及风俗习惯等方面影响较大。而塔城地区大部分柯尔克孜族信仰藏传佛教。

柯尔克孜族宗教信仰特点是，城市里的柯尔克孜族的宗教活动在清真寺，不论城乡，本民族的清真寺很少。受伊斯兰教的影响不如维吾尔族、回族等那么深。游牧的生活方式不允许他们完全履行伊斯兰教教义规定的一切义务，牧民受伊斯兰教的影响也因此受到限制。凡生、养、婚、丧大事，都必须请宗教人士主持，按所规定的制度行事。宗教人士还有权盖摹印处理民事纠纷。但在新中国成立以后，这种宗教压迫与剥削已经被取缔了。

部落是柯尔克孜族的一种重要的社会组织形式，部落是维系柯尔克孜族人的纽带，“散吉拉”是部落史，也是柯尔克孜族历史的最原始记录。总的来说，柯尔克孜族分为“三十姓”、“内姓”和“外姓”三大部，“三十姓”由左翼和右翼两部组成。左翼分为库特秋、撒茹、蒙杜孜、杰提根、克塔依、巴斯孜、托博依、冲巴哈什等；右翼分为塔戛依、额德格纳、蒙古什三大部落。塔戛依部落又分为撒尔巴哈什、布库、苏里托、提尼木色依提、萨雅克、切克尔萨雅克、切里克、杰地戈尔、额孜克、巴合什、蒙古杜尔、苏木仁、巴仁等小部落；额德格纳部落又分为库古拉特、觉茹、布热奇、巴利合、喀拉巴合什、萨尔特等小部落；蒙古什部落又分为贾合力玛依和库西塔木合两个小部落。内姓部主要由克普恰克、乃蛮、提依特、凯塞克、交吾凯塞克、康德、波斯屯、挪依霍特、额巴特、多鲁斯等部落组成。外姓部是融合于柯尔克孜族中的外族，主要由萨尔特卡勒玛克、卡勒玛克柯尔克孜、卡勒玛克、恰拉哈萨克、克利德克、库尔—库茹、库荣等部落组成。

柯尔克孜族是个注重传统道德礼仪规范的民族，热情好客、团结和睦、尊老爱幼、诚实守信，是柯尔克孜人的崇高社会风尚。

柯尔克孜族人民热爱祖国、热爱劳动。党的十八大以后，柯尔克孜族人民将与全国各族人民一起，互相帮助、共同进步，为实现“中国梦”而努力奋斗。

# 第一章

## 追寻迁徙的足迹　揭开历史的面纱

### 第一节　古老民族追根溯源

现代柯尔克孜是经历了原始民族、古代民族的长期发展过程，在长期的生息繁衍中融合多部落、多民族而最终形成的。现代柯尔克孜民族是由汉以前的坚昆部经历了两千多年的漫长岁月，直至 17 世纪末由叶尼塞西迁天山、帕米尔以后，才逐步形成的。在这漫长而艰苦的岁月中，柯尔克孜人经历了我国从秦汉统一以来的各个不同时期国家的统一与分裂，民族的分化与融合的历史，同时也参与了各个历史时期的纷争与斗争，在战争的刀光剑影、烈火与血光之中熔炼，在和平建设的和谐与欢乐之中发展。

柯尔克孜族的族源，是一个十分复杂的问题，据目前所知，秦汉之际的坚昆人，是当时柯尔克孜人的最早的先民。据史书所载和考古发现，汉代的坚昆部已经是一个庞大的联合体。仅从人种学来认识，汉代坚昆部或者说在长期的生活交往融合中已形成的坚昆人既有黑头发、黄皮肤、黑眼睛的蒙古利亚人，又有红头发、白皮肤、绿眼睛的欧罗巴人。由此可知柯尔克孜人的先民坚昆人是早在两千多年之前融合了欧亚两洲的黄白两种人种而形成的，这在我国的其他民族中还是不多见的，这与古代柯尔克孜人生息繁衍于欧亚两洲交界之地有着密切的关系。

谈到柯尔克孜现代民族的形成，不仅要了解柯尔克孜族的族源，更要了解柯尔克孜族族名的含义。

**作者在柯尔克孜族的发源地——叶尼塞河**　（阿斯卡尔提供）

有一个关于柯尔克孜族的传说，是源于柯尔克孜族的英雄史诗《玛纳斯》。这一传说是围绕叶尼塞河展开的，说的是叶尼塞河两岸的四十部落在勇敢、机智、公正的汗王玛玛依的统率下，艰苦创业，共创柯尔克孜汗国的故事。“柯尔”意为四十，“克孜”意为部落、方向，意即从不同方向聚居于叶尼塞河畔的四十个部落。

还有一个“柯尔盖孜”的传说，也是与大山、大河有关的关于族名、族源的传说，“柯尔”为大山，“盖孜”则为游牧之意，“柯尔盖孜”即在叶尼塞河两岸崇山峻岭的大山中游牧的人。

从柯尔克孜族源、族名的各种美丽动人的传说中，我们深深地感受到了柯尔克孜文化的迷人魅力，感受到了在神秘的传统文化熏陶下发展壮大的柯尔克孜人以奇妙之口世世代代传唱着民族辉煌历史的民族特点，这就是创造英雄史诗的民族所独具的民族特点。

传说归传说，事实上，柯尔克孜族历经秦、汉、魏、晋、南北朝、隋唐、宋、辽、元、明、清，最初活动地区在叶尼塞河流域和阿勒泰山，后逐渐迁徙到了天山、帕米尔地区，在历史的长河中不断吸收融合其他民族成分而逐渐发展形成了今天的柯尔克孜族。柯尔克孜族的历史可以追溯到两千年前。《史记·匈奴列传》中，最早出现了对柯尔克孜族的记载，约公元前 3 世纪末，匈奴征服的北方诸族中，就有“鬲昆”，《汉书》作“隔昆”，“鬲昆”或“隔昆”即柯尔克孜族的先民，“鬲昆”是当时柯尔克孜的译音。从《史记》的记载看，当时的“鬲昆”居住在匈奴以北，也就是在今蒙古人民共和国以北的吉尔吉斯湖。三国时期成书的《魏略》称柯尔克孜族为“坚昆”，“坚昆国在康居西北”，“丁零国在康居北”，根据相对位置来看，两汉及三国时期丁零和康居的地理位置，一般认为丁零在今贝加尔湖东西，康居在今中亚楚河、塔拉斯河上游一带，坚昆则在丁零以西叶尼塞河和额尔齐斯河之间。《北史》的“契骨”，也是柯尔克孜的译音。其活动地区更明确为阿辅水（阿巴根河）与剑水（叶尼塞河）之间。《新旧唐书》皆作黠戛斯，至《元史》始称吉利吉思。自隋唐以来至元，其活动地区仍主要在阿巴根河与叶尼塞河之间。

唐代以前，柯尔克孜族主要从事游牧和渔猎。至唐代，柯尔克孜族有了很大发展，人口达数十万，胜兵八万。他们虽然仍以牧业为主，但农业生产已有一定程度的发展。他们能用铁制造兵器，使用十二生肖纪年，这些也反映出，古代柯尔克孜族社会经济文化在当时各民族

中是比较先进的。柯尔克孜族的语言属于阿尔泰语系突厥语族。五六世纪时，由于受突厥统治，所以柯尔克孜族也使用了古突厥文。柯尔克孜族地处匈奴西鄙，汉代为匈奴冒顿单于征服后，受匈奴统治。此后又先后为鲜卑、柔然等族所统治。

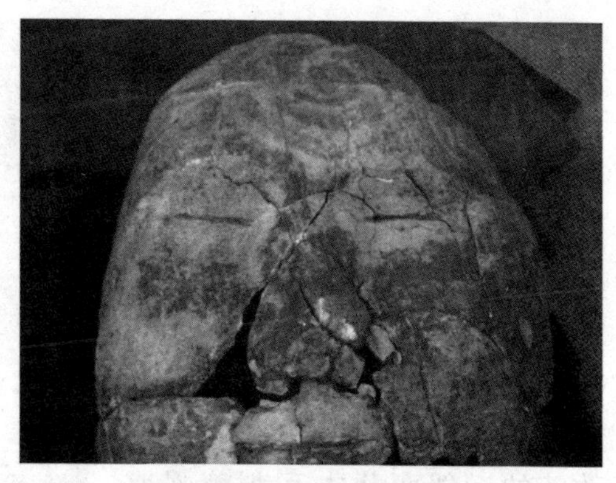

**黠戛斯面罩**　（阿斯卡尔摄）

隋唐之际，柯尔克孜族被称为契骨，初受突厥的统治并与突厥有姻亲关系。贞观初，突厥被唐太宗击破，契骨归附于薛延陀。当时契骨分属于三个酋长，尚无统一的政治机构，薛延陀可汗派一俟利发失钵屈阿栈为都督，隶属于燕然都护府。此后数十年中，与北方各族保持了极好的关系，与唐朝也保持了良好的关系。到唐肃宗乾元年间（758～760 年），契骨为回纥打败，臣服于回纥，此后被称为黠戛斯。9 世纪 20 年代，黠戛斯在其首领阿热领导下，逐渐强盛，并发动了反抗回鹘统治的斗争。这场斗争坚持了二十多年，840 年，阿热趁回鹘汗国统治集团发生内讧及遭受灾荒的时机，在回鹘大将句录莫贺引导下，发十万大兵侵袭回鹘汗国，杀可汗诛据罗勿，迫使回鹘各部离开故土，南下西迁。以阿热为首的黠戛斯统治集团在原回鹘汗国领土基础上，建立起了强大一时的黠戛斯汗国。阿热建都于牢山（约今叶尼塞河上游萨彦岭）以南赌蒲（约今图瓦）地区。

《辽史》称当时的黠戛斯作辖戛斯。至 10 世纪时，契丹族兴起，黠戛斯成为契丹政权辽的属国，辽在辖戛斯设“辖戛斯国王府”，有义务出兵为辽打仗，并按时向辽朝贡。1124 年耶律大石西逃，经过辖戛斯地区时，肆意劫掠，遭到辖戛斯人的截击和驱逐。

元代称柯尔克孜族为乞儿吉思或吉利吉思。12 世纪末，蒙古兴起时期，柯尔克孜族也曾受到蒙古的侵袭。1206 年，铁木真称成吉思汗，将包括柯尔克孜族在内的百姓分封给自己的弟弟。元亡之后，柯尔克孜族的近邻西蒙古瓦剌部强盛起来，柯尔克孜族又成为瓦剌的属部。15 世纪前期，瓦剌统治的时间并不久，随着也先的死亡，瓦剌势力衰弱，而且不得不逐渐西迁到额尔齐斯河一带。柯尔克孜也就摆脱了瓦剌的统治。

黠戛斯瓶　（阿斯卡尔摄）

16 世纪时，在叶尼塞河一带的柯尔克孜族分成四个部分，或被称为四个王国，即图瓦王国、叶泽尔王国、阿勒蒂尔王国和阿勒蒂萨尔王国。阿勒蒂萨尔王是这四王之首。16 世纪末、17 世纪初，准噶尔部逐渐强大，柯尔克孜族及其地区很大一部分成为准噶尔的属部和属地，同时也是准噶尔汗和阿勒坦汗争夺的重要地区之一。就在这时，沙皇俄国向东侵略扩张的矛头伸到了柯尔克孜地区。柯尔克孜族人民对沙俄的侵略扩张活动进行过激烈的反抗。但是，终因在当时历史条件下，寡不敌众，柯尔克孜人民被迫实行大迁徙。1703 年秋，伤亡巨大的柯尔克孜人遂听从其厄鲁特宗主的决定，在 2500 名厄鲁特士兵带领下，举族越萨彦岭，迁到额尔齐斯河东南草原。迁徙过程中，除少数留在萨彦岭与唐努山之间的河谷中以外（今图瓦一带），大部分人以后均迁到了西部伊塞克湖地区、费尔干盆地及其附近山区，另一部分迁到了帕米尔高原、兴都库什山和喀喇昆仑山一带及其附近地区，与先期到

达此地的同族会合。

清朝把柯尔克孜族又称布鲁特人。18 世纪初，布鲁特人处于封建农奴制阶段，以游牧畜牧业为主。“爱曼”是社会基层组织，若干“爱曼”为一鄂拓克，其首领称“比”，每一比“或有管领一二十爱曼者，或有管领二三十爱曼者”。为了反对准噶尔的掠夺，布鲁特与哈萨克、维吾尔一起进行了长期的反对准噶尔贵族奴役、掠夺的斗争。这个斗争，实际上与雍正、乾隆时期政府与准噶尔农奴主贵族的斗争东西呼应，起到了互相支持的作用。

18 世纪后期，浩罕首先征服了费尔干纳盆地的布鲁特部落，到 19 世纪初又开始逐渐侵占中国布鲁特各部。但是，更严重、更危险的是执行着野蛮的殖民和扩张政策的沙皇俄国。

19 世纪中叶，沙皇俄国势力逐步东侵，特别是第二次鸦片战争时，沙俄趁机与清朝签订了《中俄北京条约》，给清政府强加了一条西北边疆地区中俄边界的分界线，把大批柯尔克孜部落划归俄国。1864 年又强迫清政府签订了《中俄勘分西北界约记》，大部分柯尔克孜族部落被划入俄国。到 1884 年清政府在新疆设省时，留在清朝版图内的柯尔克孜族人只剩下当时柯尔克孜人口总数的 1/20 了。

1895 年，英、俄瓜分帕米尔后，帕米尔东部色勒库尔（今塔什库尔干县）的柯尔克孜族人民，为阻挡沙俄继续东进，和沙俄进行了长期的斗争。1916 年，中亚地区的哈萨克族、柯尔克孜族因不堪忍受沙俄的专政统治而进行反抗，结果遭到残酷镇压，约 15 万柯尔克孜族人逃到北疆伊犁、南疆阿克苏、乌什、喀什、伽师等地。他们为求生存，历经千辛，苦不堪言。

辛亥革命以后，新疆柯尔克孜族人民经历了杨增新（1911～1928 年）、金树仁（1928～1933 年）、盛世才（1933～1944 年）以及国民党历任统治。

抗日战争爆发后，柯尔克孜族人民积极参加抗日活动。许多青年参加了反帝会，牧民们为抗日前线捐献牲畜和各种物品。

1949 年 9 月 25 日，柯尔克孜族人民与各族人民一道迎来了新疆和平解放。从此，结束了苦难深重的历史。1954 年 7 月 14 日，克孜勒苏柯尔克孜自治州宣布成立，自治州包括阿图什市、乌恰县、阿合奇县、阿克陶县。如今，克孜勒苏柯尔克孜自治州已经在共和国的史册上写下了 50 年民族自治的历史。

## 第二节　山是柯尔克孜人的父亲　水是柯尔克孜人的母亲

柯尔克孜是一个美丽动人的名字，这一族名蕴藏着深厚的民族文化，流传着不少关于族名的优美传说，如“柯尔乌古孜”的传说，既是族源的传说，又是族名的传说。柯尔乌古孜是由一个叫做乌古孜的可汗与他的后代柯尔乌古孜人（即山里的乌古孜人）在叶尼塞河流域生息繁衍而最终形成的柯尔克孜人。又如“柯尔奥古孜”的传说，这是一个傍大山“柯尔”、依大河“奥古孜”而居的部落，逐步繁衍成为一个强大民族的动人传说，所谓“柯尔”（大山）就是叶尼塞河发源地的两座大山，这两座大山中，一座山流出三十条小河，另一座大山流出十条小河，这四十条河汇合而成了叶尼塞河。叶尼塞河即称为“柯尔奥古孜”，就是四十条河流汇聚而成的大河，母亲河之意。由山（柯尔）和水（奥古孜）之名组成民族的名字“柯尔克孜”也是由“山是柯尔克孜人的父亲，水是柯尔克孜人的母亲”这一流传千年的谚语演绎而来，既反映了柯尔克孜人依赖山水而生存、视山水如父母的特殊情感，又包含了柯尔克孜人对自然崇拜的古老民族文化。

克孜勒苏柯尔克孜自治州位于新疆维吾尔自治区西部，地跨天山

山脉西南部、帕米尔高原东部、昆仑山北坡和塔里木盆地西北缘。自治州北部和西部分别与吉尔吉斯斯坦和塔吉克斯坦两国接壤，边境线长达 1195 公里，东部与阿克苏地区相连，南部与喀什地区毗邻。克孜勒苏柯尔克孜自治州主要地貌类型有：山地、河谷、盆地、平原、沙漠、戈壁、冰川等。该州地处年轻的帕米尔高原上，帕米尔高原寒武纪时期隆起，华里西时期断裂，并发生剧烈升降，形成凹陷和褶皱。地质结构复杂，主要为新生界第四系地层。自治州境内多山，山地占全州总面积的 90%以上。境内群山起伏，高峰林立，山顶常年戴雪，积雪厚度达百米以上；山间分布着条条冰川，并有冰洞、冰舌、冰斗、冰湖等分布。

**母亲河——叶尼塞河**　（阿斯卡尔摄）

境内沟壑交错、河流纵横，由东北向西南分布有托什干河、博古孜河、恰克玛克河、克孜勒苏河、盖孜河、库山河、叶尔羌河七大水系，大小河流 100 余条。这些河流大都为内陆河，共有天然湖泊 18 处、35 个。

柯尔克孜族人民对一山一水、一草一木都有着浓厚的感情，“山是柯尔克孜人的父亲，水是柯尔克孜人的母亲”。这句谚语萦绕在每一个柯尔克孜人心中。柯尔克孜族主要聚居在帕米尔高原和天山山脉之中，世代过着以游牧为主的生活。在祖国的西北边陲崇山峻岭之上，英雄的柯尔克孜族人民坚守在祖国的边疆。每一个牧民都是一个哨兵，每一座毡房都是一个哨所、一座堡垒。“感动新疆十大人物”、“2008年全国十大杰出母亲”布尔玛汗大娘捍卫祖国边防的感人事迹，表达了广大柯尔克孜族人民捍卫祖国疆土的拳拳爱国心。

柯尔克孜族的祖先用智慧和才能建造家园，描绘了一幅古代文明的画卷。战乱迫使柯尔克孜人踏上西迁的征程，历经坎坷磨难，史诗《玛纳斯》里记录了先辈们历史的足迹：“在四十处驰名的凹地上，哪一处没有埋下柯尔克孜人的尸骨？四千棵高山上的白桦树上，哪一棵没留下柯尔克孜族的斧痕?”历史的沧桑磨砺了他们坚强的毅力和热爱生命、热爱家乡的精神气质，造就了他们勇敢无畏的英雄主义气概。

库姆孜琴、白毡帽、英雄史诗构成了柯尔克孜族的民族标签和文化符号。“当代荷马”居素普·玛玛依吟唱的史诗《玛纳斯》，谱写了古老民族气壮山河的英雄主义战歌；库姆孜琴声悠扬深远，在群山峻岭之间回荡，诉说着生活的痛苦与欢乐；头顶白毡帽的柯尔克孜族青年骑着骏马奔驰在辽阔的草原上，白毡房里马奶飘香。抗震安居工程、“村村通工程”、新农村建设、扶贫工程记录着历史前进的步伐，柯尔克孜地区贫穷落后的面貌正在发生着日新月异的变化。古老的柯尔克孜族人民正融入改革开放的历史潮流之中，与全国各民族一道谱写着新的历史篇章。

## 第三节　永恒的中原情

柯尔克孜族在历史发展的过程中，与中原有着千丝万缕的联系。

据考古发现，在坚昆人居住的地区，发现有汉人的居住痕迹。唐代，有一个传说在广泛流传着，说黠戛斯人是李陵的后代，这当然是荒唐的。但从这个传说中也可以看出，在黠戛斯人中包含有一定的来源于汉族的成分。在元代，被派到吉利吉思地方的汉族工匠等，后来恐怕也多被当地居民所同化了。史诗《玛纳斯》中，也不时出现汉族工匠、士兵、种田人等。

秦、汉之际（公元前3世纪末），以冒顿为首的匈奴奴隶主贵族在蒙古草原建立起了一个强大的游牧的奴隶占有制国家，征服了周围的许多民族。分布在匈奴之北的被征服的民族中就有鬲昆（后又作隔昆，通作坚昆），这是柯尔克孜族第一次出现于史籍的记载。

坚昆与汉族存在着深厚的关系，据考古发现，早在坚昆未出现于史籍记载之前很久，汉族的影响就已到达坚昆地区。在公元前1200～前700年，米努辛斯克盆地的青铜器，与同时期的中国北部的青铜器很相似。由此不禁使人想到著名的丝绸之路，还有一条不为人们所熟悉的路线，这就是从我国内地通过蒙古草原再向西北方向经过坚昆地区的路线。

632年，唐朝派王义宏出使黠戛斯。643年，黠戛斯派使至唐，“贡貂裘及貂皮”，这是见于记载的黠戛斯使者首次到达唐朝。648年，黠戛斯首领俟利发失钵屈阿栈亲身至唐朝，唐太宗很是重视，设宴欢迎，在宴会上对大臣们说：“往渭桥斩三突厥自谓功多，今利发在席，更觉过之”。失钵屈阿栈对唐太宗说：“臣既一心归国，望得国家官职，执笏而已。”于是唐朝乃以黠戛斯地区为坚昆都护府，隶属于燕然都护府，以失钵屈阿栈为左屯卫大将军，兼坚昆都督，从而黠戛斯地区正式列入唐朝的版图。唐高宗时，黠戛斯的使者两次至唐。第一次是在653年，使者说，在他们境内，有许多汉族人，请派人去领回。唐朝派范强带着“金帛”去赎领。

景龙年间（707～710年），后突厥大军对黠戛斯进行了一次大规模的袭击，杀掉了黠戛斯汗，迫使黠戛斯部众降附于自己。在这个时间前后，黠戛斯与唐朝的关系更加密切。708年，黠戛斯使者至唐朝，受到了唐中宗的款待，他以黠戛斯人中有一部分是汉将李陵后代的传说为根据，对使者说："尔国与我国同宗，非它蕃比。"使者很感动。718年，唐朝派30万大军进讨后突厥，坚昆都督右武卫大将军骨笃禄毗可汗及其部众也参加了这一次战争，唐玄宗在诏书中夸耀黠戛斯等部的军威说："弧矢之利，所向无前。"后突厥与唐朝和解，友好的气氛对黠戛斯与唐朝的友好关系的发展是非常有利的。722年，坚昆大首领伊悉钵舍友者毕施颉斤与后突厥大首领一起至唐，唐朝分别授以中郎将、将军之号。次年，坚昆大首领俱力贫贺忠颉斤与后突厥大首领一起至唐，唐朝又分别授以郎将、将军之号。次年，坚昆又遣使至唐献马。在回纥汗国建立的初期，黠戛斯与唐朝的关系仍很密切，仅747年一年即两次派使至唐献马：第一次献马九十八匹，同行的是九姓铁勒；第二次献马六十匹，同行的是室韦。758年，回纥汗国发动进攻，打败了黠戛斯，黠戛斯与唐朝的关系中断。另据黠戛斯使臣向唐朝报告，他们在破灭了回鹘汗国以后，曾尾随西奔回鹘部落之后，占领了安西、北庭、达怛等五部；在东南方向，从黠戛斯至唐朝边境之间已见不到回鹘人，这就是说他们的疆域已和唐朝本土相连。黠戛斯汗国对唐朝始终采取亲近、友好的态度。在占领回鹘牙帐时，黠戛斯军队遇见了唐朝皇帝嫁给回鹘可汗的太和公主，当即派人送她回唐朝。唐朝对黠戛斯重新来朝这件事也很重视，特命大臣撰绘一部《黠戛斯朝贡图》（又名《王会图》），其序文由宰相李德裕亲自撰写。会昌六年（846年）唐武宗派李拭出使黠戛斯，册封其可汗为"宗英雄武诚明可汗"，使命未出，武宗死去，作罢。第二年，唐宣宗又派李业出使黠戛斯，封其可汗为"英武诚明可汗"。此后不久，西迁回鹘在安西、西州一带

力量越聚越大，唐朝派使册立其首领为回鹘可汗。863年，黠戛斯使臣至唐，一是请求经籍，二是请求每年来请历书，一是要求攻打回鹘，“使安西以来悉归唐”，但是唐朝拒绝了。866年，黠戛斯又遣使至唐，一是朝贡，二是请允其派“鞍马迎册立使”，三是请发给第二年的历书。870年，唐朝在与沙陀李克用的斗争中，还得到了黠戛斯的帮助，黠戛斯与吐蕃一起，一次出兵就达数万至十万之众。

在蒙古兴起的初年，乞儿吉思就和蒙古有了直接或间接的接触。1199年，铁木真率兵攻打乞儿吉思的南部乃蛮，乃蛮太阳罕的弟弟不亦鲁逃入乞儿吉思属地谦谦州。1206年，铁木真称成吉思汗，把被征服的民族和部落分封给自己的亲属和功臣；他把沿额尔齐斯河一带的“林木中百姓”（蒙古人称这一带的居民为林中百姓，其中也包括乞儿吉思）封给豁儿赤管理，如有违抗，要受到处罚。1207年，成吉思汗派按弹、不兀剌两人出使乞儿吉思。但是，这一次出使没有成功，所以同一年又派术赤率兵去征讨，经过战斗，“林木中百姓”都降服了。乞儿吉思的首领也迪亦纳勒、阿勒迪额儿、斡列别克的斤等带着白海青、白骟马、黑貂鼠等物见术赤，表示臣服。

从13世纪60年代中期到14世纪，元朝政府不时对这一带进行赈济，不时将这一带的人和工匠迁往其他地方。1270～1280年，元朝政府派刘好礼为益兰、乞儿吉思等五部断事官。1291年，元朝政府在乞儿吉思到外剌间建立驿站。1293年，元朝政府将领土哈出师欠欠河（今叶尼塞河上游），收乞儿吉思五部之众。所有这些都是元朝政府统有这一带的证据。

蒙古汗国幅员广阔，交通便利，便于各民族经济文化的交流，而中央政府所采取的某些富国强兵措施对此也起了推动的作用。最初，成吉思汗为了准备进军中亚的粮饷，曾派畏兀儿人镇海到乞儿吉思邻区，帮助当地农民发展农业，修建仓库。成吉思汗初年，从中原迁到谦谦州的汉族工匠，共设数局。1269 年，“赈欠州（即谦谦州）人匠贫乏者米五千九百九十九石”。1286 年，“赐欠州诸局工匠纱五万六千一百三十九锭十三两”。可见，长时期以来，这一带工匠是不少的。这些工匠除“织绫罗锦绮”外，也有从事别的行业的，制造武器和军事装备就是其中的两种。这一带产鱼，所以也迁来了专业制造渔具的工匠。谦谦州“地沃衍宜稼，夏种秋成，不烦耘耔”，元朝政府在这一带屯田。

元亡之后，柯尔克孜所处的环境大致是这样的：近邻瓦剌迅速强盛起来，其势力曾伸展到蒙古草原、阿尔泰山以南，并曾侵扰到明朝的腹地；在蒙古草原上是元室后裔所建立的政权，明朝称为鞑靼；天山一带是察合台汗室后裔建立的政权，本地人称为蒙兀儿斯坦；明朝称为别失八里。

清朝称柯尔克孜为“布鲁特”，并以天山为界，分为东西“布鲁特”，清朝平定准噶尔之后，他们又纷纷返回故地。1758 年，清将军兆惠等追捕准噶尔残部，到达布鲁特地区，派人向他们的头人宣布清朝的政策。于是东布鲁特的萨雅克、萨拉巴哈什两部落人众来见，表示愿意归属清朝。当时这两个部落的头人是一个九十多岁的老人玛木克呼里。这一次同时归属清朝的还有霍索楚、启台两部落。同年，参赞大臣富德又派人到东布鲁特宣扬清朝政策，于是萨娄部落阿克拜又率众 5000 户归属。

1758 年秋季，清朝军队开入南疆平乱。小和卓霍集占盘踞叶尔羌，大和卓博罗尼都盘据喀什噶尔，互相应援。清军围叶尔羌，大和卓欲往救援，布鲁特希布察克部落在头人阿奇木比的率领下进攻喀什噶尔，使大和卓不敢离开。清军攻克叶尔羌、喀什噶尔后，布鲁特军仍在围攻布剌村，清军把胜利的消息告诉他们，他们才收兵了。1759 年，大、小和卓败逃到巴达克山，布鲁特为清军作向导，乘胜追击，同年秋天就平定了暴乱。这时西布鲁特额德格纳部落头人阿济比代表西布

鲁特十五不想向清将军兆惠表示归属，他在给兆惠的信中说，“今将军自喀什噶尔传谕我部，颁给印文，谨已奉到，不胜踊跃，适慰心想，当率诸部，自布哈尔以东二十万人众。皆作臣仆。”于是，浩罕汗国以东、伊犁西南、喀什噶尔西北、伊塞克湖周围、帕米尔和喀喇昆仑山一带广大柯尔克孜地区，全部归属清朝管辖。

对于归属的布鲁特，清朝政府采取了以下的政策：一方面，确定固定的隶属关系，布鲁特的头人“比”（数目很多，不相隶属）及其以下的阿合拉克奇等大小头目仍旧任职不变，但要由清政府加委，由清政府赐以二品至七品顶戴。对于这些头目的任命，按规定由喀什噶尔参赞大臣向朝廷奏报。清不时要在这些头人中挑选一些人到北京去朝见皇帝。布鲁特每年要向清政府进献一定数量的马匹，清政府回赐以一定数量的绸缎羊只。靠近伊犁的布鲁特，每隔一年由伊犁将军派领队大臣前往巡查一次；对于整个布鲁特的常年“稽查约束”，则由喀什噶尔参赞大臣专管。另一方面，清朝政府允许布鲁特仍旧在原地自由放牧，不征收土地税；不强迫布鲁特改变原有的风俗习惯；布鲁特在疆进行贸易，税率比内地商人减少1/3，以示优待。布鲁特作为清朝西北屏藩之一（另一个是哈萨克），既受到清朝的保护，亦为清朝出力；而清朝对于布鲁特则是奖励他们的“驯服”，有反叛者，即镇压以维护社会秩序和巩固自己在新疆的统治地位。

在清朝统治时期的多次新疆发生的叛乱中，大部分柯尔克孜族人都站在反分裂的立场上，维护了祖国统一。

在新民主主义革命时期，由于受到中国共产党领导下的全国革命形势的影响，柯尔克孜族人民也像全疆以及全国各族人民一样，在反对帝国主义、封建主义和官僚资本主义的斗争中，贡献了自己的力量。

## 第四节 近现代柯尔克孜人

撇开迁徙就无法深入理解近代柯尔克孜民族形成。柯尔克孜族的迁徙分五个阶段。

柯尔克孜人第一次向天山迁徙是在匈奴时期。公元前后，匈奴在汉朝的沉重打击下几次分裂，北匈奴郅支单于西迁中亚。在这一过程中受其统治的叶尼塞柯尔克孜人有一部分随同西迁。在《三国志·魏志》引用的《魏略·西戎传》中记载，除叶尼塞坚昆人外，在匈奴之北有隔昆，在康居西北有坚昆坚，他们应是古柯尔克孜人的不同部落。

叶尼塞河地区柯尔克孜族向西迁徙的第二个阶段应在突厥汗国统治中亚和西域时期。6 世纪中叶，突厥向外扩张的过程中，柯尔克孜族被裹胁随之向西迁徙。《北史》卷 99《铁勒传》记载："伊吾以西、焉耆之北，傍白山，则有契弊……乌护、纥骨"。说明在哈密以西、焉耆之北，西部天山已有古柯尔克孜人居住。

西迁的第三阶段在 8～10 世纪。苏联考古学家伯恩施坦姆认为，柯尔克孜人之渗入于天山尤以 8～10 世纪人数最多，那时候柯尔克孜人的天山支派彻底地巩固了起来。证据在于：第一，叶尼塞河柯尔克孜首领皮茨谢（7 世纪）与谢米列契秋尔格什显贵以及卡尔鲁克显贵的代表人物有家族和婚姻的亲密关系。第二，存在于谢米列契的叶尼塞柯尔克孜人的鲁尼文和物质文化的遗物（实物、轭具装饰、衣服、武器），在很大程度上与叶尼塞的相类似。另外，在《世界境域志》中提到过七河地区有一座柯尔克孜汗城，"其中的居民具有吉尔吉斯人的风习"。同时，七河地区古柯尔克孜人留下的史诗主题、语言、装饰和物质文化遗物，以及现代柯尔克孜人的民族志，明显地反映出阿勒泰地区的主题和类比，这又说明柯尔克孜人迁往天山的路线经过了阿尔泰

山和蒙古草原。8 世纪中叶前后回鹘人统治大漠南北时期，曾与其相邻的黠戛斯人多次发生战争。回鹘汗国灭亡后，黠戛斯人占据其地。关于黠戛斯汗国的疆域，在《新唐书·黠戛斯传》中记载，东邻骨利干（今贝加尔湖附近），南邻吐蕃（当时其势力到达天山北麓），西南是葛逻禄（中亚楚河、塔拉斯河一带）。另据黠戛斯使臣向唐朝报告，他们在攻灭回鹘汗国之后，曾尾随西奔的回鹘部落占领过安西、北庭等地。

第四阶段是蒙古及其后裔统治中亚和漠北时期。这一时期，柯尔克孜诸部落继续向天山地区迁徙。在蒙古族西征的大批军人中，有许多柯尔克孜人。到 16 世纪时，他们在天山地区的人数已经很多，势力也很大，作为一股强大的政治力量最终登上了天山地区的历史舞台。他们为自己的独立而积极奋斗，被当地居民称为“莫卧儿斯坦的野狮子”。从这个时期开始，天山地区的柯尔克孜人在中亚地区已站稳了脚跟。他们逐渐皈依了伊斯兰教，近代民族形成的进程加快，与中亚当地居民的融合与自身分化速度也加速进行。

最后一个阶段是在卫拉特蒙古统治中亚和大漠南北时期。一方面，天山地区柯尔克孜人的地域逐渐固定下来，从天山北部的伊犁河、楚河、塔拉斯河流域、伊塞克湖沿岸，天山南部今中国新疆塔里木盆地的阿克苏、克州、喀什噶尔、和田等地到河中地区的费尔干纳盆地、帕米尔高原，均有柯尔克孜部落分布。这一时期的柯尔克孜人政治上如一盘散沙，分别隶属于中亚各国和政权，如蒙兀儿斯坦、布哈拉、哈萨克汗国、浩罕、叶尔羌汗国、准噶尔汗国、中国清朝等。18 世纪初，准噶尔人的 2500 军队来到叶尼塞河上游，胁迫 3000 帐柯尔克孜人迁到准噶尔地区去了。这是叶尼塞河流域柯尔克孜人最后一批向天山地区的迁徙。

迁入天山地区的柯尔克孜人吸收融合了许多当地的民族、部落成分，拥有了新的固定的地域——西部天山南北，新的文字——察合台文，新的宗教信仰——伊斯兰教，在此基础上最终形成了稳定的民族文化和民族心理。于是，近代柯尔克孜民族形成了。

牧区柯尔克孜人　（塞力克摄）

1933年，盛世才上台。他执行了亲苏政策，苏联也从各方面予以支援。1941年始，盛世才加紧反苏反共，投靠蒋介石。1944～1945年发生在新疆伊犁、塔城和阿山的三区革命是在苏联的全面扶持下发生与发展的，柯尔克孜族也加入到革命洪流中。

根据《中国人民政治协商会议共同纲领》中有关“各少数民族聚居的地区，应实行民族区域自治”的规定。1954年年初，在中共中央新疆分局和南疆区党委的领导下，开始在喀什进行柯尔克孜族、塔吉克族民族区域自治筹备工作。1954年2月25日，成立柯尔克孜自治区筹备委员会，并召开第一次会议。筹委会由买买提艾沙（柯尔克孜族）、阿曼吐尔（柯尔克孜族）、赵子和等33名委员组成。买买提艾沙任筹委会主任，阿曼吐尔为副主任。南疆区党委左齐、祁果、伊敏诺

夫等参加了第一次筹备委员会会议。参加会议的还有柯尔克孜族聚居区的上层人士、宗教民主人士、部落头目、牧主和机关干部。

1954年7月召开人民代表大会，正式成立了克孜勒苏柯尔克孜自治区政府，新疆省主席包尔汉、省政府秘书长扎克诺夫等领导参加了会议。大会给毛泽东和中共中央新疆分局发了致敬电，中共中央新疆分局委员赛甫拉也夫代表新疆分局和新疆省人民政府致祝词；南疆区党委第一书记左齐代表南疆区党委致祝词；南疆行署主任买买提·伊敏诺夫代表南疆行署致祝词；苏联驻喀什领事馆正副领事也到会祝贺。

自治单位的名称确定为“克孜勒苏”，柯语意为“红水”。因阿图什县位于克州中部，处于乌鲁木齐至喀什的公路干线上，其经济、文化、交通等条件皆优于其他县，因而将首府设在阿图什县的阿图什镇（今阿图什市）。1955年2月，根据1954年9月的《中华人民共和国宪法》，将克孜勒苏柯尔克孜自治区改为克孜勒苏柯尔克孜自治州。

# 第二章

# 柯尔克孜族部落与人口变迁

## 第一节　人口分布及特点

柯尔克孜族人口主要分布在克孜勒苏柯尔克孜自治州，其他分布在伊犁、阿克苏地区、喀什地区和乌鲁木齐市等地，塔城地区、和田地区也有少量分布。2011 年，柯尔克孜族人口为 194 062 人，其中克孜勒苏柯尔克孜自治州柯尔克孜族人口为 151 034 人，占 77.8%；其次为伊犁柯尔克孜族，人口总数是 18 694 人；分布最少的是吐鲁番地区，全地区共 3 人。

新疆柯尔克孜族人口分布和居住特点是大聚居、大杂居、小聚居并存。

克孜勒苏柯尔克孜自治州首府阿图什市柯尔克孜族人口为 29 168 人，阿克陶县柯尔克孜族人口为 43 012 人，阿合奇县为 41 679 人，乌恰县为 37 157 人。

阿克苏地区位于克孜勒苏柯尔克孜自治州的东部，与阿图什市、阿合奇县相邻，其北部山区为柯尔克孜族的游牧之地，且多聚居于乌什县亚曼苏柯尔克孜族乡和温宿县博孜墩柯尔克孜族乡。2004 年，全

地区有柯尔克孜族 9536 人，2011 年为 11 231 人，其中柯尔克孜族人口最多的为乌什县有 4342 人，到 2011 年柯尔克孜族人口为 5485；其次为温宿县，2004 年柯尔克孜族人口为 3649 人，2011 年为 4186 人。另外，拜城县 2004 年有柯尔克孜族 1085 人，到 2011 年增加为 1139 人，库车县 131 人，其他各县也有零星分布。阿克苏市 2004 年有 246 人，到 2011 年减少为 213 人，这其中的原因有去外地工作务工、外嫁等。

2004 年，伊犁哈萨克自治州有柯尔克孜族 17 219 人，2011 年为 18 694 人，其中州直属县市为 15 063 人，在州直县市中，柯尔克孜族主要聚居在特克斯县的科克铁热克柯尔克孜族乡和昭苏县的夏特柯尔克孜族乡和尼勒克县。2004 年特克斯县有柯尔克孜族 8571 人，昭苏县为 3533 人，尼勒克县为 602 人，伊宁市为 549 人，巩留县为 419 人，新源县为 345 人，霍城县为 314 人，伊宁县为 349 人，察布查尔锡伯族自治县为 357 人，奎屯市为 29 人，而到 2011 年，伊宁市柯尔克孜族人口为 635 人，伊宁县为 344 人，察布查尔县为 308 人，霍城县为 296 人，巩留县为 466 人，新源县为 444 人，昭苏县为 5286 人，特克斯县为 10 215 人，尼勒克县为 675 人。除特克斯、昭苏两县为聚居外，其他县市的柯尔克孜族多为与哈萨克、蒙古等其他民族杂居。

在新疆和田地区也都有柯尔克孜族分布。和田地区共有柯尔克孜族近千人，其中 800 多人聚居在皮山县在和田市和民丰县各有柯尔克孜族 20 多人。在和田地区的皮山县还有一个柯尔克孜族乡。皮山县康克尔柯尔克孜族乡，位于皮山县城西北 100 多公里处，与喀什地区的叶城县相连，这里的柯尔克孜人也和叶城的柯尔克孜为邻，居住于昆仑山中，从事游牧生产。康克尔柯尔克孜族乡面积仅为 12 平方公里，是全国柯尔克孜族乡和新疆维吾尔自治区的民族乡中面积最小的一个乡。

喀什地区与克孜勒苏柯尔克孜自治州毗邻，据2004年统计，喀什地区的4193名柯尔克孜族中，分布于喀什市220人，疏附县631人，疏勒县566人，英吉沙县590人，莎车县981人，叶城县1034人，塔什库尔干塔吉克自治县1751人。2011年，喀什地区柯尔克孜族人口增加到7014人，其中，喀什市柯尔克孜族358人，疏附县614人，疏勒县346人，英吉沙县607人，泽普县547人，莎车县1187人，叶城县1123人，塔什库尔干2187人。喀什地区人口的增加除自然繁衍外，近几年来，许多外地柯尔克孜族人选择在此地工作和生活也是原因之一。

喀什地区的柯尔克孜人大都散居于北部、西部和南部山区，且多与塔吉克族杂居，主要从事游牧和狩猎活动，也有少数从事农业生产。

塔城柯尔克孜族主要分布在塔城市及市属也门勒乡喀拉尕什村、窝依加依劳牧场、二工镇、博孜达克农场、喀拉哈巴克乡、也克苏牧场、恰合吉牧场以及额敏县城和喇嘛昭乡。1951年，额敏县有四个村的柯尔克孜人，现在只有不到50户柯尔克孜人。

塔城柯尔克孜族人口发展呈现以下特点：一是1962年以前基本集中分布于额敏县喇嘛昭乡；二是1962年后柯尔克孜族居住地区相对比较分散，90%以上的人口聚集于塔城市及市属牧场、乡一带；三是柯尔克孜族人口较高增长时期在20世纪50～90年代；四是人口分布呈现大杂居、小聚集的特点，没有在一个乡或一个牧场形成主体。

1949年以后，中国柯尔克孜族整体人口呈现稳步增长的态势，在半个多世纪里，增长了近1.5倍。但塔城柯尔克孜族人口增长却相反。1780年，塔城地区的柯尔克孜族有400多户，约3000人；额敏县老人叶斯木汗认为，当时从阿拉陶（天山）迁来的就有1000户。1964年全国第二次人口普查时，塔城市柯尔克孜族人口为737人，占全市人口的1.32%；1982年全国第三次人口普查时，其人口为1277人，占全

市人口的 1.08%，人口增长率为 73.23%；1999 年，统计数字为 2012 人；2011 年塔城地区柯尔克孜族人口为 2151 人，其中塔城市 1789 人，额敏县 304 人。

200 多年来，这一特殊族群的人口没有增加反而减少了，有哪些原因呢？

1. 塔城地区一部分柯尔克孜人信奉藏传佛教以后，每年有 100 多人进库热当教徒，这些人不准结婚。额登加普老人说，刚建立柯尔克孜族库热的时候，如果某一个柯尔克孜族家有三个男孩儿，其中必须一个去当喇嘛，就这样持续了 20～30 年。所以，柯尔克孜姑娘不得不嫁给蒙古、哈萨克、达斡尔等其他民族。

2. 搬到其他地区的柯尔克孜人有 40～50 户。

3. 部分信仰藏传佛教的柯尔克孜人在登记户口时，将民族写成了蒙古族。还有的分散在各个角落的柯尔克孜人根据所在地的情况，当地哪个民族为主就自称那个民族。

4. 母亲是柯尔克孜族，父亲是其他民族的，孩子就不填写成柯尔克孜族。

柯尔克族人口的男孩与女孩数量基本相等，没有遗弃女婴或重男轻女的现象。柯尔克孜族年龄构成仍属年轻型人口。少儿系数、老年系数几乎没有多大区别。柯尔克孜族人口的死亡率较高，1957 年为 22.74%，1985 年降到 9.18%，1998 年为 5.30%。[①] 平均预期寿命为 53.63 岁，婴儿死亡率也高，是全国婴儿死亡率的 3.84 倍。

从柯尔克孜族人口职业构成来看，主要从事农、牧、渔的劳动者比例最高。在业人口中，人口数量第二多的行业是教育、文化、艺术、广播电视事业，在国家机关和从事工业的人口的比重非常小。

---

① 克州人民政府办公室，克州统计局编．克州五十年社会经济统计资料（1949～1998 年）．

20世纪80年代之前，柯尔克孜族育龄妇女多胎生育和早婚早生的现象比较普遍。其人口属于高出生、高死亡、高增长的人口增长模式。改革开放后，随着经济状况的改善，柯尔克孜族人口发展状况逐年好转，开始向低出生、低死亡、低增长的人口增长模式转变。第五次全国人口普查资料显示，柯尔克孜族出生人口存活子女总数占活产子女总数的89.2%。随着经济发展，教育的普及和提高，柯尔克孜族人口分布的范围越来越广，不仅仅只是集中在南疆，呈现向城镇化发展的大趋势。

柯尔克孜族少女　（宋士敬摄）

柯尔克孜族人口文化素质在全面提高，受教育的人口比例逐年增加。2000年，柯尔克孜族受教育程度的6岁以上的为144 401人，受初中及以下教育的为113 903人，受高中及以上教育的为18 898人，文盲率呈现逐年下降的趋势，儿童入学率和人口整体素质有很大提高。

随着经济发展和文化水平的提高，柯尔克孜族生育观念发生变化，

认为孩子是“胡大”给的传统的生育观将成为历史。

## 第二节　逐年增长的人口

叶尼塞河流域柯尔克孜古代民族向西部天山迁徙经历了一个漫长的时期，柯尔克孜族迁居西部天山地区后，始终没有建立起自己的政治实体。他们成为中亚各政权之间混战的工具。准噶尔、沙俄、浩罕等对柯尔克孜人的压迫使得柯尔克孜部落四分五裂，人口亦未得到发展。清朝政府统一新疆后，柯尔克孜人拥有了近百年和平发展的时间和环境，逃离的各部纷纷回到原来的游牧地，成为清朝的西北藩屏。柯尔克孜人口开始缓慢增长。乾隆二十三年（1758 年），东布鲁特五部有七千余户，合计 4 万人，同一时期的西布鲁特有 21 万人，两者相加为 25 万人。

19 世纪后半叶，中国逐渐沦为半殖民地半封建社会，沙俄蚕食我国西北 50 余万平方公里领土，绝大多数柯尔克孜人成了俄国的臣民，遂成为跨国民族，仅有数千户分布在中国新疆天山南部等地。民国时期，有关方面在新疆进行过数次人口统计，但是其中关于新疆各民族人口的统计资料极少。乌恰县是我国柯尔克孜族主要居住地。这里最早的人口统计为 1935 年的 2705 人。其中柯尔克孜族 2619 人，占总人口的 96.82%。1949 年乌恰总人口 10 920 人。1944 年，阿合奇设县后首次公布全县人口为 10 980 人，其中柯尔克孜族人口为 10 863，占全县总人口的 98.6%。1949 年，阿合奇县人口数为 11 288 人，其中柯尔克孜族人口为 10 827 人，占全县总人口的 95.9%。1944 年，全疆柯尔克孜族人口为 65 923 人，1949 年为 66 145 人。1949 年以后，中国柯尔克孜族人口呈现稳步增长的态势，在半个多世纪里，增长了近 1.5 倍。看来，有一个相对稳定的大环境，新疆柯尔克孜族人口呈现缓慢增长的势头。但由于柯尔克孜族长期生活在贫困山区，生存环境恶劣，自然条件艰苦，虽然人口出生率高，死亡率也很高。

综观柯尔克孜族人口发展的历史，近50多年无疑是其人口增长最多的时期。2011年，新疆柯尔克孜族有194 062人，占全疆总人口的0.86%，在地域分布上，具有大分散和相对聚居的特点。柯尔克孜族主要集中在克孜勒苏柯尔克孜自治州（全州48.43万人，其中柯尔克孜族15.1034万人，占27.65%）。其余分布在伊犁特克斯、昭苏、尼勒克，塔城地区塔城市、额敏县，阿克苏地区的乌什县、温宿县，喀什地区的塔什库尔干县，和田地区皮山县和首府乌鲁木齐市。1949年中国柯尔克孜族人口为66 145人，1953年为70 944人，1975年为94 200人，改革开放后的1982年为112 400人，2000年为158 775人。

20世纪中叶以来，中国柯尔克孜族人口发展呈现以下特点：一是柯尔克孜族居住地区相对比较集中，77%以上的人口聚集于天山南坡一带。二是柯尔克孜族人口较高增长时期在20世纪50～90年代。三是人口分布呈现大杂居小聚集的特点，无论是民族自治州还是民族自治乡，都是多民族聚集，反映出中国新疆历史上独特的地理人文景观。四是柯尔克孜族集中居住的天山南坡和东帕米尔、北昆仑山一带，自然条件恶劣，半荒漠带海拔上限达2500米以上。种植业不发达，柯尔克孜族世代以游牧为生。五是从柯尔克孜族人口年龄结构分析，仍然呈现惯性增长趋势，从老少比指标来看，柯尔克孜族人口年龄结构仍然处于较高增长阶段。

## 第三节　凝聚民族情感的纽带——部落

柯尔克孜人相见相识首先要询问对方的部落，它使同族间增进感情，获取知识。部落是古代柯尔克孜族的一种重要的社会组织形式，

到了唐代，部落制度已初具规模。在薛延陀汗国统治时期，黠戛斯有论悉辈、居沙波辈和阿米辈共治其国。这些“辈”相同于叶尼塞铭文中的“别格”，而“别格”则是部落比，那时黠戛斯社会就是由三大部落头人联合治理，在三大部落之下，又各有小部落，小部落之下即为氏族，部落实际就是氏族的联合体。黠戛斯君长是“阿热”，阿热之下，其官宰相、都督、职使、长史、将军、达干六等。宰相七，都督三，职使十，皆典兵，长史十五，将军、达干无员，说明以阿热为首的一整套统治机构已初具规模。黠戛斯先由唐朝设立坚昆都督府，任命阿热为都督，然后阿热又在自己的属部设立都督。所谓“都督三”，表明阿热之下有三大基本部落。据叶尼塞如尼文铭文，在黠戛斯统治机构中，最有权势的还是这些部落首领们。

部落在历史上对柯尔克孜族的社会、政治、经济、文化均有十分重要的影响。唐代，在氏族下有一种宗教制家族，在其儿子中还有亲生子和买来的两种，买来的儿子在家庭的地位略高于公社成员，这时的柯尔克孜社会的最上层人士为“贝格”，最底层的为奴隶。男奴隶称“库鲁”，女奴隶称为“昆”，这些奴隶大多是战俘。此时柯尔克孜部落内阶级划分已相当明显，贫富悬殊很大，富者占有的马匹多达六七千匹，牛两三千头，贫者孑然一身，一无所有。

总的来说，柯尔克孜族分为“三十姓”、“内姓”和“外姓”三大部，“三十姓”由左翼和右翼两部组成。左翼分为库特秋（库曲或库西秋）、撒茹、蒙杜孜、杰提根、克塔依、巴斯孜、托博依、冲巴哈什等；右翼分为塔戛依、额德格纳、蒙古什三大部落。塔戛依部落又分为撒尔巴哈什、布库、苏里托、提尼木色依提、萨雅克、切克尔萨雅克、切里克、杰地戈尔、额孜克、巴合什、蒙古杜尔、苏木仁、巴仁等小部落。额德格纳部落又分为库古拉特、觉茹、布热奇、巴利合、喀拉巴合什、萨尔特等小部落。蒙古什部落又分为贾合力玛依和库西塔木合两个小部落。内姓部主要由克普恰克、乃蛮、提依特、凯塞克、交吾凯塞克、康德、波斯屯、挪依霍特、额巴特、多鲁斯等部落组成。外姓部是融合于柯尔克孜族中的外族，主要由萨尔特卡勒玛克、卡勒玛克柯尔克孜、卡勒玛克（西蒙古）、恰拉哈萨克、克利德克、库尔—库茹、库荣等部落组成。

许多部落名称表明柯尔克孜族历史的发展过程，也是不断融合各民族的历史，如常见的多鲁斯（铁勒）、克塔依（契丹）、克普恰克（钦察）、乃蛮、萨尔特（维吾尔）、蒙古杜尔（蒙古人）、卡勒玛克（西蒙古）等。

同时，部落组织保持如下特征：第一，柯尔克孜社会是由以父系血缘关系为纽带的若干部落和氏族组成，部落之下还有更小的支系。第二，每个部落都有名称和大体范围的放牧场和割草地，因而它们就被冠以部落的称号。第三，有些部落（并非是每个部落）仍保留着自己独特的方言差别。例如，伊犁的布谷部落，天山南部的阿合奇、阿克陶、英吉沙，喀什一带的切里克、克普恰克、乃蛮、卓吾什、提依特等部落，都带有一些自己部落的方言。甚至共同居住在阿合奇一个地区的切里克和库特秋等部落的方言，也互不尽同。第四，存在“部落议事会”以解决部落内部的重大事务。第五，部落头人有父子相承传统，或认定由部落内部有威望的长者担任或经选举产生。但是，部落内的封建贵族，如巴依、玛纳普等，利用部落和氏族认定头人的习惯，窃取这一世俗职位的现象也是常见的。部落和氏族的集体迁移（尤其是转移牧场）、放牧地点的规定、部落和氏族内部间以及家庭的一般纠纷，大都由部落头人主持调解。第六，各部落都各有长期形成的惯例和规则，如共同抚养和救济老弱孤幼，犯罪要及时汇报部落头人等。第七，每个部落和氏族成员都有维护本部落利益，保护本部落放牧场、割草地以及其他财产，负担其他成员经济损失，协助办理其他成员婚丧等义务。

**柯尔克孜人的毡房**　（张蔚飞摄）

近代以后，以上特征发生许多转变，已远非古代部落特征了。

它是建立在生产资料已是私有制而并非仍是公有制基础上。部落外形与封建占有关系内容结合在一起。部落头目常以封建家长制身份，利用“近亲相互”、“同族相助”等血缘关系为巩固和扩大自己的封建占有服务。当然这在贫困牧民中也另有反映，尤其是已定居务农的一些柯尔克孜人的部落观念，已经发生了很大变化，家庭、阶级观念已在某种程度上代替了部落氏族观念。或者可以说家庭、阶级观念变得浓厚了，相应地部落、氏族观念变得淡薄了，放牧场的公有，与无畜、少畜的贫困牧民已没有任何意义了。但是对于本部落、氏族的牧主和头人来说倒有实质上的好处，因为自己独有、大家保护，阿克陶、英吉沙、莎车、叶城等地的许多放牧场已成为头目、牧主法定的私有财产了。

一些柯尔克孜部落、氏族，由纯以父系血缘关系为纽带结成的社会组织，转化为以地缘关系为基础组成的社会组织了。同乡村人代替了同部落人，阿克陶县的帕拉支地方有500户柯尔克孜族的克普恰克、提依特、蒙古什部落，这些部落统称为“帕拉支人”。在艾盖孜加尔地方居住着克普恰克、蒙古什部落的约350户柯尔克孜人，他们都统称为“艾盖孜加尔人”，并废弃了许多游牧部落、氏族的旧习惯，使原来的许多特征发生了深刻的变化。尤其是在这些地区，“肯特”、“麦哈勒”（村庄）组织，已经代替了部落、氏族组织，其中一些柯尔克孜人，除了族名以外，甚至说不清自己是属于哪个部落、氏族的。

随着清朝政府中央集权制的加强，尤其是1884年新疆行省的建立和国家统一体制的进一步巩固，在柯尔克孜地区设立了许多凌驾于部落、氏族组织上的各种行政管理机构。这些超部落、氏族的行政机构，在许多方面将部落、氏族组织及其头目置于自己的控制之下，使柯尔克孜族传统的部落关系也逐渐发生了变化，部落、氏族组织开始松散解体或名存实亡，道、府、厅、州、县制和千百户长制的实行，尤其是20世纪30年代以后，柯尔克孜地区完全控制县、区、乡和村级的行政体系划分并突出了这种各级行政体系的作用之后，部落、氏族组织不仅在形式方面，在实质方面也发生了很大的变化。例如，新中国成立前今属阿克苏地区温宿县包孜东地区居住着多鲁斯、萨雅克、萨尔巴噶什和撒鲁部落约350户人，不是按部落组织建制，而是按通行制度，设1个行政区，下辖3个行政乡，1个区长和2个乡长是多鲁斯部落的，其余1个乡长是萨雅克部落的。虽然有些是换名不换人，有些是仍然照顾了原先部落氏族大小等情况，但总是对原部落、氏族制度是个否定，必然在实际上也将产生这种否定作用。

随着超部落、氏族组织的各级统治体系的巩固，柯尔克孜族各部落、氏族头人选举产生的习惯也发生了很大变化。阿寅勒或朱尔特（移居点）是柯尔克孜族部落和氏族成员共同居住并共同进行生产劳

动的基层单位，在多数情况下，阿寅勒和朱尔特由有一定血缘关系的5～10户牧民组成。例如，冲巴噶什部落拜克加尔氏族分为加曼太、江苏耶尔、勃什库依、苏兰奇、拜尔迪拜克、毛立多雅尔、阿立达雅尔、吐克图库尔特8个阿寅勒，居住在阿图什的库特秋部落伊特阔秋克氏族分江坎、夏米尔扎、那依曼、凯立迪拜克、喀什喀尔特5个阿寅勒。但是有些部落分散或在地广人稀的地区，也存在由不同部落和氏族组成一个阿寅勒或朱尔特的现象。在阿克陶县阿依格尔特夏牧场，新中国成立前常住10个阿寅勒，其中5个阿寅勒是由克普恰克部落的托古孜克普恰克氏族组成的，3个阿寅勒是由克普恰克部落的托古孜克普恰克、喀拉克普恰克氏族和乃蛮部落的昆乃蛮、米尔扎乃蛮氏族混合组成的。2个阿寅勒是由乃蛮部落的库然氏族、提依特部落的图库木提依特、喀拉提依特氏族、凯塞克部落的勃斯屯、坎迪氏族组成的。

另外，杂居于其他民族的柯尔克孜族的牧民，由于生产劳动的需要，同其他民族组成一个阿寅勒的情况也是存在的。例如，塔什库尔干县塔敦巴什区有3个阿寅勒是由塔吉克族的瓦罕部落和柯尔克孜族的乃蛮部落组成的。

每一个阿寅勒或朱尔特都一般用氏族、长者、地名来称呼，阿寅勒成员劳动分工、协作。新中国成立前，阿寅勒组织“割据”、“霸占”所谓“部落公有牧场”的现象很多。例如，今乌什县西部的喀拉特凯大草原，原为居住在这里的120户蒙杜斯部落的公有牧场，但在后来，总共10个阿寅勒的蒙杜斯部落各个氏族，由于抢先转移夏牧场或为了永久占有喀拉特凯草原一些水草丰茂的山谷，彼此多次发生阿寅勒流血争斗。到1947年，由于这种争斗，居住在这里的蒙杜斯部落牧民只剩下80户左右，即7个阿寅勒了。在一些半农半牧的和定居务农的部落中，把“部落公有的牧场”变成阿寅勒所有牧场的事，也是常能见到的。

近代柯尔克孜族的部落组织已趋于解体，部落的内部比较松散，造成分散的主要原因有：第一，由于人口增多，原有牧场不够使用，或遇风雪灾害，需要另谋生路，于是就有一部分部落成员离开本部落去另辟新牧场。第二，部落内部发生纠纷，或发生了战争，造成了分裂和一部分成员迁徙他处。第三，部分牧民脱离游牧生活，搬到农业区去经营农业。

部落组织已经不是完全以血缘为基础，而是逐渐地结合为地缘了。“阿寅勒”是部落的基层组织，每个阿寅勒有5～10户人家，他们一般是同一部落的人，有较近的血缘关系。但也有的阿寅勒成员并不是本部落的人。随着经济发展的需要，阿寅勒实际上越来越成了单纯的生产组织，许多阿寅勒是不固定的，有时是这些人组成的，有时是另外一些人组成的；许多人有时在这里和这些人组成一个阿寅勒，有时又到另外一个地方同另外一些人组成为一个阿寅勒。阿寅勒的这种变化，明显地反映在它的名称上，有的阿寅勒以阿寅勒长的名字命名，有的阿寅勒以部落名命名，有的阿寅勒以地名命名。

尽管部落组织已不那么严密，但部落观念和部落头人在柯尔克孜社会政治生活中仍有相当大的影响。这种部落观念被封建统治阶级利用来模糊劳动人民的阶级意识。封建主常常以“民族互助”为名对劳动牧民进行剥削。此外，当时流行于柯尔克孜地区的习惯法，也是封建统治阶级对部落观念的一种利用，它以本部落传统习惯为幌子，在贫富之间偏袒富人，在男女之间偏袒男子。

大小部落头人是封建统治阶级的代表。他们竭力维护部落组织、部落观念和宗教迷信，并利用它们来为自己的阶级服务。他们多被清朝政府和后来的军阀政府委任为地方官吏。清朝政府和军阀政府以他们为统治柯尔克孜族人民的社会支柱，他们以清朝政府和军阀政府为

靠山。布鲁特诸部归属清朝政府以后，清朝政府并没有改变其内部社会结构，各部落大小头人任职不变，但是，布鲁特比在承袭时，必须经过清朝政府加委。其一般程序是，先由各部落报请喀什噶尔、伊犁驻扎大臣，然后再由驻扎大臣奏请皇帝补放。清朝政府除任命布鲁特比及阿哈拉克齐等官职外，还给布鲁特诸部头人赏给品戴。史载“布鲁特之内附者，无论其长与其属，视其肫诚效力，量给衔顶”，有二品至七品不等。布鲁特所获衔顶的人数没有定额，可以承袭，只不过需按例降级而已。在特殊情况下，也可以按原品级承袭，但必须经皇帝格外施恩。

1865 年，阿古柏侵入喀什噶尔，1867 年建立七城国“哲德沙尔汗国”。在柯尔克孜地区，阿古柏依靠本地封建主为社会支柱，委派他们为阿奇木伯克、比、十户长，纵容他们为非作歹。英、俄等资本主义国家的不断入侵，引起了清朝政府对新疆的重视，粉碎阿古柏反动政府之后，清朝政府于 1882 年正式批准设立新疆行省，于 1884 年正式任命刘锦棠为新疆巡抚。

新疆建省和废除伯克制度是互为因果的，是顺应了历史潮流。伯克制度的废除，标志着新疆农奴制经济向封建地主（领主）经济的变革。由于外部形势的变化及以氏族部落为基础的社会制度的解体，布鲁特的官制也发生了重大变革。

清朝政府在布鲁特地区实行了乡约制度，其中，在乌什境内的奇里克、胡什齐两部落中就设置了四个乡约，分管下属十户长。四乡约之上，还置有一个总乡约，直接隶属于乌什直隶厅管辖，游牧于英吉沙境内的布鲁特，也置有“四乡约，分理其事”。一般来说，乡约仍由原部落头人担任，也是经过清朝政府明令委派的。至清末，作为布鲁特首领的“比”，不管是在南疆西部山区，还是在伊犁地区的布鲁特人中，已经消失了。

从此，新疆就用道、府、厅、州、县制度代替了过去的军府制度与伯克制度，这是新疆地方政治制度的一次重大改革。建省后，新（疆）、伊（犁）实行分治。北疆的柯尔克孜族属伊犁将军管辖，南疆的柯尔克孜族属新疆巡抚管辖。今克孜勒苏柯尔克孜自治州的东部属阿克苏道的乌什直隶厅，西部属喀什噶尔的疏勒直隶州疏附县，英吉沙尔直隶厅和莎车直隶州。1902 年，疏勒和莎车都升为府，并在莎车府西部增设蒲犁分防厅，今阿克陶县的一部分受它管辖。厅、州、县以下的组织基本上是以氏族部落为基础划分的，在北疆，一般和哈萨克族一样实行千、百户长制，如 1883 年从俄国迁来伊犁的 80 余户柯尔克孜族，就设置了一个百户长。此外，额敏一带的柯尔克孜族还有袭用蒙古官制的情况，有“藏戈”之类的职官。

在南疆，一般是和维吾尔族一样，实行乡约制度。如英吉沙尔直隶厅西山中的 600 多户柯尔克孜族，就设有四个乡约；乌什西部（包括阿合奇县）的柯尔克孜族也设有四个乡约，并在四乡约之上设一总乡约。乡约之下，一般都是十户长。但是，有些地方，原来的比、阿合拉克齐等名目实际上还保存着。千百户长、乡约、比等职官都由部落头人担任，但都要政府明令委派。由于清朝政府在建省后加强了对新疆的控制，部落头人的封建特权在一定程度上受到了限制。

1911 年，辛亥革命爆发。1912 年，新疆宣布共和，封建军阀杨增新开始统治新疆。不久，新（疆）、伊（犁）统一。杨增新完全承袭了清朝政府老一套的统治政策，柯尔克孜地区的乡约、比、千百户长等职官原封未动，而且大多还由过去那些人担任。为了巩固自己的统治地位，对各族封建头人和地方官吏采取放纵态度。在柯尔克孜地区，以前清朝官吏加在牧民头上的那些五花八门的负担，不但没有减轻，还变本加厉了。这时牧区出现了所谓“行头”，在牧民买卖牲畜时，他

们趁机勒索，收税入己。后来当地县政府又以“禁革”为名，正式委派“行头”，按4%收牲畜买卖税。那些当乡约、比、千百户长的头人更是无法无天，任意勒索。

近代柯尔克孜族的阶级分化明显。封建主不仅占有大量土地、草场、牲畜财产，而且占有一定数量的奴隶。“阿拉巴图”是比的属民，对比有一定的人身依附关系。他的主人可以任意役使，是可以任意鞭挞凌虐的，也可任意勒索。服役与勒索，就是这种制度的剥削形式。此外，少数在农业区做官的布鲁特比，清朝政府还拨给他们以一定数量的“焉齐”户，任其役使。焉齐制度当时在新疆也是普遍流行的。焉齐与农奴相近，这些人没有人身自由，是封建主的私有财产，可以买卖、陪嫁和作礼物赏给赛马、刁羊的优胜者。

近代柯尔克孜社会是明显的宗法封建制，这种制度既具有氏族部落制的特点，又具有封建制的性质。古老的氏族部落制度延续数千年，直至近代仍保留其残余形式。在宗法封建制度下，牧场名义上是公有的，但实际上为封建化的贵族所支配。据调查，20世纪50年代前，阿克陶、英吉沙、莎车、叶城等地的许多牧场已成为氏族部落头目、牧主法定的私有财产。此外，选举制也演变为世袭制。例如，18世纪中叶以后，奇里克部落诺依古特氏族的头人为托依玛特，后来他管辖整个奇里克部落。死后，其子图尔都凯、侄子阿吉别克相继继承了托依玛特的职位。乌恰县一带的冲巴噶什部落也实行世袭制，其头人为卓勃洛伊巴特尔，后其地位相继被他的子孙阿热克、坎达巴斯、拜克加尔、勃什阔依、库番特别克等继承。

进入现代，柯尔克孜地区仍然保留了清代的伯克制度，并与保甲制度相结合，“伯克”一般都任千户长，相当于区长；“玉孜巴西”即百户长，相当于乡长或保长；“艾力克巴西”即五十户长，相当于甲长或乡警，最基层还有“翁巴西”即十户长。这一套严密的组织是国民党统治柯尔克孜人民的工具。基层政权完全掌握在伯克、大牧主和宗教首领等封建势力手里。柯尔克孜社会基本是游牧封建社会。反动的生产关系严重阻碍了生产力的发展，牧民生活贫困。柯尔克孜族内部的矛盾日益加深，柯尔克孜人民同国民党反动派之间的矛盾更加尖锐。这种矛盾的实质也就是广大柯尔克孜劳动人民同帝国主义、封建主义、官僚资本主义的矛盾。

新中国成立后，柯尔克孜族的部落组织虽已消失，失去了它的统治作用，但部落影响依然存在，此种观念尤其在牧区显得重要。同一部落或同一氏族的人在一起就倍加亲切，部落头人在群众中的地位很高，人民政府也吸收一定比例的部落头人参政议政。

部落将长期成为柯尔克孜社会血缘关系的纽带。

# 第三章

# 天人合一的信仰文化

## 第一节　信奉原始宗教　崇拜自然万物

### 一、原始宗教

20世纪50年代以前，巫术在柯尔克孜民间普遍存在。巫术是原始宗教形式之一。在近代柯尔克孜族民间有一种求雨魔石，名为“加达塔什”，人们以为它具有魔力，可以凭它的魔力求得雨水，一旦久旱不雨，有些人便手拿求雨石求雨。古柯尔克孜人就有祈雨的习俗。祈雨时一般都要举行一种简单的仪式，将魔石放入水碗之中，搅动碗中的水，以求雨。在《玛纳斯》中有不少利用魔石祈雨的叙述，一般多是用于战争，借突降雨雪以战胜敌方。传说柯尔克孜的祖先传下一块求雨石，为柯尔克孜巴依、何尔孜、突尔克三兄弟共同使用，他们曾为争夺这块求雨石而发生战争。可见，以“加达塔什”求雨石求雨的习俗源远流长。

古代柯尔克孜先民崇拜水，认为水是圣洁的，具有驱邪避灾的净化功能。于是在孩子有病时或有亲人从异乡归来时，奶奶或者母亲端一盛有清水加有一点点炉灰的白瓷碗，在生病的孩子或归来的亲人的头上按照顺时针的方向绕三匝，同时要在口中念道："愿这碗中的清水带走一切灾祸；愿灾祸远离至骏马都无法翻越的高山之外；愿灾祸随狂风而逝……"做完这些，让生病的孩子或者归来的亲人在碗中吐三次，随后便用力将清水泼出门外，并把碗倒扣置门口一个无人能碰到的角落里。这一系列活动做完以后，远途归来的亲人必须得飞快地进入毡房中，且不能回头看自己的来路。柯尔克孜人相信病魔会随着清水被泼了出去，相信归来的亲人会消灾驱邪，一帆风顺。这既是以水祛灾祈福，又反映了柯尔克孜人对水的崇拜。

"扩孜莫尼乔克"是一种由黑白小石子串成的串珠，柯尔克孜人会在婴儿的摇篮正上方，成年女子的圆顶花帽上以及骏马的鬃毛上挂串珠。他们认为，扩孜莫尼乔克具有巨大神秘力量，可以祛邪避灾。在泰勒的《原始文化》一书中，有这样一句话："在北亚细亚的阿尔泰语系诸部落中，对木杆和石头的崇拜仍然全盛地存在着。石头，特别是奇形怪状的或者与人或动物的形状相似的石头，成为崇拜的对象，这是因为它们里面住着强有力的精灵。"柯尔克孜族对扩孜莫尼乔克的憧憬，实质上就是对天然石头的崇拜。

## 二、图腾崇拜

柯尔克孜人的图腾崇拜源于对动物的崇拜。古代从事游牧和狩猎的柯尔克孜人，对动物有着特殊的感情，特别是在崇尚勇武的时代，对动物的力量与勇猛，十分崇拜。他们总想借动物的神力发展自己，并求得到某种凶猛动物的保护。这样，他们便千方百计将自己的先人、自己的部落同所崇拜的动物联系在一起，视这些动物为自己的保护神，并将这些动物的图形文在身上或绣在织物上，挂于毡房内，这就形成了对这些动物的图腾崇拜。

据一些叶尼塞碑文记载，唐代黠戛斯的图腾有雪豹、牛、鹿等，是神圣不可侵犯的。所以黠戛斯所饲养的牲畜中“牛尤多”。至今，柯尔克孜族民间还流传着青牛神话：相传，人类生活的大地共分7层，整个由一头巨大的青牛的一只角顶着。当它这只角疲劳时，便换另一只角来顶。在换角时，大地受到震动，就出现了地震。为了避免地震，防止灾难降临，民间普遍存在为劳累的青牛祈祷，祝愿它身强体壮、永不疲劳的习俗。

鹿是柯尔克孜族的另一个重要图腾。柯尔克孜族有三个以鹿为名的部落，一个是“布库”，意为“鹿”；一个是“萨尔巴噶什”，意为“黄驼鹿”；另一个是“冲巴噶什”，意为“大驼鹿”。这三个鹿部落可能是一个鹿部落分化而来的，为了相互区别，同时也为了表示同出一源，分出来的两个部落便以“黄驼鹿”和“大驼鹿”为名。从名称上可以看出三者的亲属关系。在特克斯一带的“布库”部落，柯尔克孜人传说他们的祖先是吃牡鹿奶长大的，因此他们将牡鹿视为圣母，成为整个部落的图腾。他们在毡房的门口上方绣有鹿的标志，行路时看到鹿则要下马让路，甚至在叼羊比赛中也高喊着“布库”的口号冲锋助威。

## 三、祖先崇拜

在柯尔克孜族先民的观念中，祖先们与自己关系密切，其生前历尽艰辛，承担着养育后代之责，确保了氏族、部落以至家族的繁衍和发展，死后仍然会竭力保佑其后代亲属的安全，为之消灾祛难。因此，在柯尔克孜族的神灵信仰体系中，祖先被视为是氏族、部落、家族或家庭最亲近、最善良、最得力的保护神，备受人们的崇拜。

柯尔克孜族崇拜祖先，尤其是英雄祖先格外受到崇拜。英雄史诗《玛纳斯》就是柯尔克孜族崇拜自己的英雄祖先玛纳斯及其八代英雄后代的古老传说。“英雄及伟大人物的魂灵是善的、威力很大的魂灵，能保护人们，并成为氏族或部落的保护神。”不仅在《玛纳斯》和民间文学中是这样，在现代生活中，柯尔克孜族人依然将玛纳斯作为他们崇拜的对象，遇事依然祈求玛纳斯的庇护。人们在发誓时往往用“如果我违背诺言，让玛纳斯的灵魂惩罚我，让玛纳斯的坟墓惩罚我，让玛纳斯的威力惩罚我”。这显然是将祖先崇拜与英雄崇拜紧紧地结合在一起了。

柯尔克孜族在信仰伊斯兰教后依然保持着祖先崇拜，首先表现在葬礼上，即“乃孜尔”。柯尔克孜族人死后一般要在3天、7天、40天、一周年时分别举行“乃孜尔”，并且一般都要宰杀牛羊马匹等牲畜。根据萨满教的传统观念，亡人境况的好坏与天神无关，而与其亲属们操办葬礼的好坏有关，认为在亡人墓前宰杀的马匹越多，亡人的灵魂就越能得到安息。如果头七、四十、周年祭祀如期操办，祈祷仪式顺利进行，那么亡人的灵魂便会得到安息，他会一直保佑亲人们平安无恙。在《玛纳斯》的“阔克托依的祭典”一节中详尽描写了柯尔克孜族人举行祭典的盛大场面。而这种杀牲祭祖的习俗在今日柯尔克孜族的生活中依然盛行。柯尔克孜族人有则谚语：“如果不能让死人满意，活人也得不到安乐。”这便是柯尔克孜族对亡灵祭祀的意义以及祖先崇拜的反映。柯尔克孜族皈依了伊斯兰教之后，这些习俗也随伊斯兰教教规有所变化，即崇拜先祖灵魂的一些旧习俗礼仪与伊斯兰教习俗相结合，融合为一了。

## 四、萨满教

古代柯尔克孜人认为萨满是神的使者，具有很大的神力，是人神交通的使者，具有自由往来天地之间的飞翔能力。萨满是通古斯语诸族对巫师的称谓，唐代的柯尔克孜人则称为“甘”。柯尔克孜人认为萨

满不仅可以预知吉凶祸福，而且可以指迷津、消祸福。对萨满的崇拜，实际上是对神权的崇拜。在古柯尔克孜人的心目中，萨满有支配世间万物、呼风唤雨、能施展法力、改变世间一切的能力。萨满的话往往是神的旨意。

现在一般称“萨满”为“巴克西”。充当巴克西前，神经和身体总会出现不正常状态，如眼前经常出现幻影，或头痛、手脚抽筋，甚至会大病一场。在这种情况下，需请年岁较大的巴克西收他为徒，并举行仪式，经过一段时间后，便成为巴克西了。走进柯尔克孜族的牧村，你会发现直到今天柯尔克孜族中仍有萨满在活动。

虽然当今社会科学技术已高度发展，但是当有些疾病不能医治，出现地震、旱灾、雪灾等自然灾害时，柯尔克孜人在某种程度上还会寻求巴克西来解决，巴克西会为人们驱鬼治病、占卜、解梦、相面等。今天的柯尔克孜族中巴克西已经十分稀少了，巴克西的影响变得隐蔽和微弱。

柯尔克孜族巴克西的神事活动虽然有一定的迷信成分，但巴克西所承载的文化是珍贵的，他们也是柯尔克孜族萨满教文化活态资料的承载者。随着社会的发展进步，萨满教逐渐让位于后兴的人为宗教，这是宗教发展演变的必然过程。但是，由于萨满教信仰的长期流行，特别是它是一种人们最初的、最原生的宗教思想意识，许多观念和习俗已经形成根深蒂固的影响，成为一种积淀十分深厚的民族传统文化，因此，不会随着新宗教的流行而完全消失。这些观念和习俗也必然会以各种方式融合到柯尔克孜族社会生活的方方面面，为该民族群体所认同。

在现今的柯尔克孜族社会中，萨满教的遗迹仍随处可见：在人与人结成的社会组织中，在人们的伦理和道德观念中，在人们的日常生活习惯中，在流传的口头文学和艺术创作中等。我们可以这样说，柯尔克孜族及其先民的信仰习俗和久存后世的文化传统，其核心内容无一能离开萨满教。

## 五、藏传佛教

新疆塔城的柯尔克孜族因受蒙古族的影响大部分信仰喇嘛教，因额敏县是喇嘛教盛行的地区，同时在生产、生活和婚姻等方面与蒙古族保持密切关系，后来他们便逐步信奉喇嘛教。

柯尔克孜族称喇嘛庙为“库热”。据20世纪50年代调查，额敏县五区七乡有一个属于柯尔克孜族的喇嘛庙，有喇嘛42人，都是柯尔克孜族。凡婚姻、丧葬、祭祀等，均请喇嘛主持仪式。订婚时要请喇嘛测算男女八字是否相合或相克，如果相合，就可以订婚，相克就作罢。在认门、婚礼、认亲等大小仪式中，都请喇嘛念经，祭天拜佛。葬礼、7天祭和40天祭都要宰牲举行仪式，请喇嘛念经祈祷。另外，黑龙江省富裕县柯尔克孜族一方面信奉喇嘛教，供奉各种佛、天马神。他们在每年农历四月十八祭太白金星和树神，祭时杀牲、集会一天，并赛马射箭，在农历十月二十五日祭北斗星，用荞麦面做成佛灯上供；另一方面，他们保留了萨满教，祭祀、治病都请“萨满”。

赛马　（阿斯卡尔摄）

### 六、祆教

祆教又称“拜火教”、“火教”，崇拜日月星辰和火。公元前6世纪祆教创建于波斯东部，祆教兴盛时期传入柯尔克孜地区。古代黠戛斯人信仰一位名叫“乌买”的神，这即是灶的保护神，又是子孙后代得以繁衍的保护神。在叶尼塞如尼文碑文中还出现了“乌买贝格”这样的职衔，可能是祆教管理部门或是祆教僧侣们的职衔。

伊斯兰教兴盛后，祆教便逐步消亡，但其遗风仍存在于柯尔克孜族之中，作为风俗习惯一直保留至今。柯尔克孜族在迎亲时，新郎、新娘每经过一个居民点时，男女老少都要出来烧把火，让新郎、新娘从火上跳过去，表示祝福。到新郎家门口时，新娘也要跳过一堆火以后才能进屋。有些地区的柯尔克孜族在迁入新居时，新居四邻的男女老少都到一里远的地方点一堆火，请迁入者跳过火堆，祈求吉利。或者赶着牲畜从两堆火中间过，祈求来年丰收。

柯尔克孜人认为火神是温暖之神，光明之神，对火的崇拜主要还表现在：忌讳往火或灰烬上小便；不能吹熄灯火，要让它自己熄灭；用火把或灯火在病人头上绕几圈，用来消灾除病。

## 第二节　后世信仰——伊斯兰教

柯尔克孜族宗教信仰特点是城市里的柯尔克孜族的宗教活动在清真寺，不论城乡，本民族的清真寺很少。受伊斯兰教的影响不如维吾尔族、回族等那么深。游牧的生活方式不允许他们完全履行伊斯兰教教义规定的一切义务，牧民受伊斯兰教的影响也因此受到限制。在伊斯兰教五功中，除了履行“念功”外，对“拜功”、“课功”、“斋功”和“朝功”要求不那么严格。以前，宗教被封建统治阶级所把持和利

**柯尔克孜族清真寺** （阿斯卡尔摄）

用，教徒们要经常无偿地为寺院和宗教人士放牧牲畜、耕种土地和服其他劳役。凡生、养、婚、丧大事，都必须请宗教人士主持，按所规定的制度行事。宗教人士还有权盖摹印处理民事纠纷。但在新中国成立以后，这种宗教压迫与剥削已经被取缔了。

在柯尔克孜族中，每天做5次拜功的不多，大多做2～3次。但对开斋节和古尔邦节的乃玛孜比较重视。集体做礼拜时，多在阿寅勒的草坪上举行，其仪式也比其他民族简单得多。另外，20世纪50年代前，柯尔克孜地区没有严格的宗教法律机构和分工明确的宗教法官和阿訇、依麻木等宗教人士，担任宗教职务的人员一般只在民众做礼拜时宣传礼仪和教规，以及举行各种仪式（如婚礼、丧葬、割礼等）时才履行一般的宗教礼仪和起证人的作用，其地位不如阿寅勒、民族、

部落头人和世俗伯克及比等。

## 第三节　宗教对柯尔克孜族生活的影响

### 一、图腾崇拜对风俗的影响

古时柯尔克孜人认为各氏族分别源出于各种动、植物或别的物类，对本氏族的图腾物常加以特殊保护，当然与他们长期从事游牧和狩猎有关。在史诗《玛纳斯》中描写的跟随玛纳斯出征的、围绕在玛纳斯队伍周围的苍龙、巨蟒、灰狼、羚羊、猛虎、雄狮、公驼、雪豹、神鸟等，其实就是高举各个部落不同图腾的大旗或戴着本氏族图腾形象面具的各部落成员，至今柯尔克孜族的布谷部落对鹿有一种崇敬心理。

驯鹰　（民族画报资料）

柯尔克孜人对鹰十分尊敬，视其为神鸟。过去他们把鹰皮完整地剥下来，给小孩缝制衣服，认为这样小孩能像雄鹰一样勇猛、矫健、灵活。时至今日，柯尔克孜人还有在新生婴儿的摇篮和衣领上缀鹰爪或鹰毛的习俗，还认为鹰具有驱逐妖魔的神力，因此当鹰扑到人的肩上时，则认为是鹰发现了蹲在人肩上作恶的妖怪。这时人会摔倒，甚至会昏迷。醒来后则认为身上的妖魔已被鹰驱逐，从此会身体健康，交上好运。

柯尔克孜人见到蛇进屋会十分高兴，或者梦见蛇也很高兴，总给蛇洒些白面或牛奶，以洁白纯净的食物表示对蛇的崇敬。此外，给蛇敬了白面、牛奶之后，不能赶蛇走，应让蛇自己离开，更不准伤害它。他们认为谁伤害了进屋的蛇，不久就会遭厄运。

## 二、萨满教对风俗的影响

万物有灵是萨满教的核心，因此崇拜盛行。柯尔克孜人上至苍天，下至山水树木都在崇拜之列。人们从不砍伐孤立的树，视之为圣树。有时在树上挂白色布条，祈求得子。黑龙江省富裕县的柯尔克孜族每年 4 月 18 日还祭祀树神“害拉斯”，集会一天。

柯尔克孜人相信布施能消灾除祸，因此在做了噩梦或是事事不顺时，便请亲友吃饭。还有祈福祛灾习俗，都受萨满教的影响。至今，柯尔克孜地区还有“巴克西”即职业的萨满。他们有自己的神灵，但这是绝对保密的，其神职是作法驱魔治病。

## 三、藏传佛教对习俗的影响

黑龙江省额敏县的柯尔克孜族生活受喇嘛教影响较深，婚姻、丧葬、祭祀等均请喇嘛主持仪式。订婚时，要请喇嘛测算男女八字是否相合或相克，如果相合，就可以订婚，反之就作罢。在认门、认亲、

婚礼等大小仪式中，都请喇嘛念经，祭天拜佛。葬礼，7 天祭和 40 天祭要宰牲举行仪式，请喇嘛念经祈祷。

**柯尔克孜族敖包**　（阿斯卡尔摄）

## 四、伊斯兰教对习俗的影响

在长期的历史发展过程中，由《古兰经》确定下来的伊斯兰教的教义、教规、教法以及婚姻、丧葬等制度，完全渗透到了柯尔克孜的思想、文化、道德、生活等各个领域，尤其对她的语言文字、文学、教育、艺术、建筑以及风俗习惯等方面影响较大。

在起名上，柯尔克孜族人名很多取自《古兰经》或“圣训”，如“买买提”取自“穆罕默德”。柯尔克孜族的婚礼仪式受伊斯兰教的影响大。在婚礼前，要请阿訇念“尼卡”，即结婚证词。大意是：感谢真主成全了双方的美好姻缘，祝愿新郎新娘美满幸福。阿訇还要当众询问男女双方是否同意结为夫妻，男女均应当回答：同意。这时必须有两个以上的男子或四个以上的女子在场作证。葬俗完全是受伊斯兰教的影响。节日如“肉孜节”和“古尔邦节”都来源于伊斯兰教。

割礼是伊斯兰教产生前世界上很多地区都存在的一种古老习俗，伊斯兰教承袭了这一习俗并把它以宗教的形式规定下来。另外，柯尔克孜人见面时用阿拉伯语互道平安“萨拉姆”。吃饭前双手向上，然后祈祷，以及饭后作“都瓦”等，都是伊斯兰教对风俗的影响。

在语言文字方面，伊斯兰教的经典《古兰经》一直被伊斯兰神学家宣扬为安拉用阿拉伯语下降的“天启”。这样，阿拉伯语和用以书写《古兰经》的阿拉伯文就被认为是“神圣”的语言文字，任何国家和地区，不管说何种语言，使用何种文字的穆斯林，都必须用阿拉伯语诵读和书写《古兰经》经文。柯尔克孜族使用阿拉伯字母的文字，与文字相比，语言的影响要小得多。除在诵读《古兰经》时必须用阿拉伯语外，平时用本民族语言，但其中或多或少地也掺杂了一些阿拉伯语的词汇。

伊斯兰教渗透到穆斯林生活的各个领域，文学作品自然有所反映。伊斯兰教的一神崇拜对柯尔克孜族绘画、雕塑产生了很大影响。它严禁在绘画、雕塑中出现人物和动物形象。新中国成立后这一情况已有所变化，柯尔克孜族已涌现出许多优秀的画家，热爱造型优美的雕塑和人物、动物画，但在清真寺和所有伊斯兰教建筑中是不允许出现人物、动物绘画和雕塑的。

在教育方面，过去，柯尔克孜族的教育几乎完全是宗教教育。这种教育主要是在清真寺由阿訇进行的，也称“经堂教育”，其中也有经文以外的知识。从事宗教教育是清真寺的职能之一，具有一定规模的清真寺，都附设有经文学校。清真寺所进行的一般是初级、中级教育，

更高一级的教育则在经文学院进行。经文学院讲授的主要内容除阿拉伯语文外，还有《古兰经》经文、圣训和注释学、教法学、教律学等。后来虽然出现了现代型的正规学校，但阿拉伯语文和宗教经典仍然是这些学校的必设课程。这些经文学校培养了一批又一批宗教职业者，为伊斯兰教在柯尔克孜族中的传播和发展发挥了重要作用。

在建筑方面，伊斯兰教对于柯尔克孜族建筑的影响，不仅反映在清真寺、麻扎等宗教建筑上，也反映在一些民用建筑上，其形制和风格多为阿拉伯式或中亚式尖拱形洞式门窗，穹隆形大圆屋顶。在信徒心目中，寺院即神灵之家。但是，由于伊斯兰教对柯尔克孜族影响不如维吾尔族、乌孜别克族等，所以宗教建筑不是很多。

# 第四章

# 草原民族独特的风俗习尚

## 第一节　衣食住行

### 一、白毡帽的故事

“卡尔帕克”——白毡帽对于柯尔克孜族来说是最具有辨识度的文化符号。在传统节日和隆重集会上，柯尔克孜族男子都会头戴一顶象征本民族标志的白毡帽。说到白毡帽的由来还有一个有趣的故事。

古代柯尔克孜人戴的不是白毡帽，而是黑毡帽，帽子的形状与颜色，同他们的邻居卡勒玛克人的帽子很相似。后来，卡勒玛克人与柯尔克孜人之间经常发生战争。由于帽子的缘故在战场上认敌为友的事时有发生，往往因此而贻误战机。据说，有一天黑夜，玛纳斯率领勇士们与入侵他们领土的卡勒玛克人交战，玛纳斯的部队获得了胜利。狡猾的卡勒玛克汗王却在朦胧月色中混入玛纳斯部队之中，不仅逃脱了玛纳斯的追击，反而又从背后向玛纳斯杀来，使玛纳斯功败垂成。战后，玛纳斯决定改革服饰。首先得从帽子改起，使自己部众的帽子与卡勒玛克人的帽子有一个明显的区别，要有自己醒目的标志。他们

**柯尔克孜族的白毡帽**　（阿斯卡尔摄）

经过充分的协商，拟订了初步的改革方案，就是改黑毡帽为白毡帽。为了有一个美观大方的式样，臣民们公推玛纳斯的妻子卡尼凯公主设计初样。经过40个日日夜夜的精心构思，卡尼凯公主终于设计出了一顶美观大方的新毡帽。起初，这种毡帽只允许军中的男性勇士戴，相当于军帽，后来才慢慢发展成了柯尔克孜族男子普遍戴的帽子。这种毡帽随着历史的发展，在柯尔克孜族各部落中，又有不少改变和讲究。从小小的差异上，可看出戴毡帽的柯尔克孜人不同的部落、不同年龄与婚否。帕米尔高原上的柯尔克孜人戴前后开口的白毡帽；天山山区的柯尔克孜人戴不开口的白毡帽。居住在干旱地区的柯尔克孜人的毡帽比较硬，而潮湿地区的则厚且软。老年人戴的是不绣花的白毡帽；中年男子戴的是缀红色缨络，帽沿绣黑、蓝色素花和简单图案的白毡帽；未婚青年男子戴的是顶缀用金线高高束起的火红的缨珞，帽檐绣有红花和美丽图案的白毡帽；儿童戴的是缀满各种珍珠玛瑙的大红缨珞，帽檐绣花草鸟兽、山水图案的白毡帽，有的帽子上还绣着孩子的生肖属相的图案，与童颜相辉映，恰似一朵含苞欲放的花蕾，给人以活泼可爱的感觉。

由于柯尔克孜族多从事畜牧业，所以服饰多取自牲畜的皮毛。柯尔克孜族服饰特点是为骑马方便和适应高寒山区的气候，一般服饰都宽大结实、经久耐磨，衣袖比较长，袖边多缀以皮毛，用以御寒。在着装方面，男子一般上身穿白色绣有花边的圆领衬衫，外穿用羊皮或蓝、黑色棉布做成的“袷袢”，腰束皮带或绣花的布腰带。有的“袷袢”衣领、袖口、衣襟、下摆镶有色布和细皮毛。还有一种利用骆驼毛织成布做的“袷袢”，十分轻便暖和，下身内穿衬裤，外穿蓝、黑色条绒布和其他布做的宽腿长裤。柯尔克孜人脚上穿巴依帕克（袜子）和鄂托克（长筒靴）、凯皮奇（皮套鞋）、麻司（无跟鞋）、克罗齐（胶鞋）、巧阔依（皮鞋）等各式各样鞋子。

柯尔克孜族姑娘非常爱美，喜欢用灵巧的双手点缀自己的冠戴和衣裙。未婚女子头戴红色金丝绒圆顶小花帽或用水獭、旱獭皮做的顶系珠子、缨穗、羽毛的红色大圆顶帽。身穿连衣带褶长裙，也有不带褶的长裙，裙外罩一件边上用丝线绣有各种图案花纹、缀有银扣和铜钱，色彩绚丽的金丝绒坎肩。足蹬明光铮亮的皮靴。年轻已婚女子，扎红色、绿色头巾，喜穿红、绿、紫色上衣和红裙，戴装饰品，如耳环、项链、手镯、戒指等。发辫上也缀银币、铜币、珠子等装饰品，走起路来叮当作响，很有风韵。中老年妇女，多披白色头巾，身穿蓝、黑色上衣和大衣，庄重又大方。

柯尔克孜族妇女　（塞力克摄）

随着柯尔克族居民与外界交往日益频繁，农牧区的柯尔克孜人的着装有所变化，穿中、西式服装的很普遍。都市里的柯尔克孜人尤其是年轻人追求流行时尚的服饰。

## 二、一年四季飘酒香

柯尔克孜族的饮食与游牧半游牧生活紧密地联系在一起，肉和奶制品占主要地位。据史书记载，古代柯尔克孜人“四季出行，惟逐水草，所食惟肉酪”。柯尔克孜族以饲养的牛、羊、马、骆驼、牦牛提供生活所需的肉和乳，几乎一日三餐都离不开肉、奶、乳制品，小麦、青稞、蔬菜在饮食中只是辅助食品。夏秋季，主要的饮食为鲜奶、酸奶酪、奶皮子、奶油、肉食和面食。冬春季，主要饮食是肉干、酸奶酪、酥油、面食等。他们一年四季皆离不开奶茶，马肉、马肠为最佳食品。信奉伊斯兰教的柯尔克孜人，忌食猪肉和自然死亡的牲畜肉，忌食鹰和乌鸦等飞禽，禁食动物血。谷面类食物有圆饼（或称馕）、稀面条、肉片面条、乌麻什、油果、油饼、米饭等多种，其中以馕、油果最常见。

人们说柯尔克孜人的毡房有多大，餐布就有多大，以形容其食品之丰盛和待客之热情。不论多少人皆围在餐布周围，盘腿而坐，共同进餐。“纳仁”是柯尔克孜族招待客人最上等的食品。先宰羊煮肉，再把熟肉用小刀切成肉丝，刀功越好，肉越碎且匀。之后将煮熟的细面条与之搅拌，并放入适量的洋葱、胡椒粉和盐，即可食用。在严寒的冬天，纳仁的主要用料是索古姆（熏肉）。在晚秋季节，制作索古姆，还有将肥肉和碎肉塞进马肠子和马肚子，放入调味佐料，做成喀孜（马肠）、喀尔塔（香肠）。

**油果** （阿斯卡尔摄）

柯尔克孜人吃羊肉很讲究，据说很久以前，柯尔克孜人聚居的克亚孜部落，有位叫阔里巧克的老人，他在部落里大力提倡对远方来的客人、亲戚朋友和左邻右舍要讲究文明礼貌，要诚心诚意。所以克亚孜部落的居民，在衣食住行、待人接物方面都很有礼貌。远近部落的人，都称这个地方为“礼仪之乡”，尊阔里巧克老人为最贤明的“比”（首领）。在离克亚孜部落不远的地方，有个汗王，他对克亚孜部落早有耳闻，对于这么一个小小的部落居然有如此大的名声很不服气。于是将阔里巧克比请进了汗宫。仆人为阔里巧克比安排了住处，每天三顿茶水招待，就是不端食物。阔里巧克比虽然饥肠辘辘，也不张口，

他要看看这个汗王究竟要的什么花招。一直等到第四天，当阔里巧克比挣扎着做完祈祷后，只见仆人用 3 尺长、2 尺宽的大木盘，端来了一只香气四溢的炖全羊，送到他面前就出去了。阔里巧克比首先洗了手，并做了感谢主人厚意的祝愿后，很优雅地拿出随身带的小刀，慢慢地割下羊头，吃了半边，双手把羊头摆在对面的盘边上。接着拿起前腿吃了几口，又双手把前腿摆在对面的盘内，然后割了一块羊尾油，又割了两片肝子，把羊尾巴油夹在肝中间吃了下去。这时阔里巧克比才拿起羊的其他部位的肉大嚼大吃起来。等到阔里巧克比吃完肉净手后，事先安排窥视他吃肉的仆人，把他吃肉的经过详详细细地禀报给了汗王。汗王百思不得其解，决定亲自去问问阔里巧克比。他走进帐篷，这时阔里巧克比把羊头拿起来双手递给了汗王说："谢谢陛下的热情和好意，为我准备了丰盛的晚餐。"接着他又把前腿递过去说："祝福你牛羊成群，马驼满圈。"汗王接过羊头和前腿，发现只剩下了一部分，就问："尊敬的客人，你吃肉剩一半是什么意思？是嫌我的肉不好吃吗？"阔里巧克比放下手里的肉，在餐布上擦了擦手说："一只羊只有一个头，头为生灵之本，安拉恩赐给汗王一只羊，是为了让汗王享用的，陛下又把它赏给了我，我怎么能独自享用呢？至于前腿，尊敬的陛下，凡四条腿的生灵都是在前腿所走的地方得以温饱。它们喝水、吃草都要靠前腿，若没有前腿，我就吃不上肥美的羊肉，这功劳难道不属于前腿吗？既然前腿是这样好的肉，我怎能独吞呢？至于羊肝夹羊尾油的吃法，那是因为羊尾油太腻，羊肝夹上羊尾油，肥瘦均匀，这样吃可以增加食欲，客人可以多食。这就符合我们柯尔克孜人客人吃得越多，主人越高兴，越认为客人看得起主人的好客习惯。"汗王听了阔里巧克比很有逻辑性的吃肉讲究，频频点头称是，从此，汗王号召所有的黎民百姓，在衣食住行方面要懂礼貌，讲文明，吃肉时也要按此讲究。所以吃肉的讲究一直流传至今。

勤劳的柯尔克孜妇女　（塞力克摄）

有肉自然少不了酒。马奶酒和勃左是柯尔克孜喜爱的发酵酒，可谓“冬饮热酒夏饮凉，一年四季飘酒香”。每年从 7 月开始，柯尔克孜人由冬牧场转到凉爽的夏牧场。这时的夏牧场，草茂水足，牲畜膘肥，柯尔克孜牧民把刚挤下的新鲜马奶放到专用的羊皮口袋里，吊在帐篷的墙上，用一根特制的木棍在里面搅拌，促使马奶产生高温，迅速发酵。发酵后的马奶“味似甘露，香凝醴泉”，马奶酒是一种乳酒，酒味没有葡萄酒甘甜，酒性也没有白酒那样辛辣，而是辣中带酸并伴有奶香，酒性温和，一般含酒精 10 度左右。马奶酒不但是一种清凉饮料，可去热止渴，而且可以充饥。如果你长途跋涉，又饥又渴又累，喝上一碗马奶酒，顿感疲劳尽消，精神振奋。马奶酒还含有丰富的蛋白质、糖和矿物质，对患慢性肠胃病的人，有一定疗效。尤其是马奶酒由于发酵而减少了奶中的大量脂肪，可以使人开胃健脾。

柯尔克孜人制作马奶酒的来历也很有意思。很早以前，有一个正

在搬迁的小部落，经过一天奔波之后，晚上在一个山口草地上住了下来。人们又渴又累，争着从马背上取下大块的马肉和羊皮袋中的马奶食用。有一个牧民打开了自己的装有半袋子马奶的羊皮袋，突然有一股甘醇的酒香扑鼻而来，使他感到一阵清爽。他赶快把同伙叫来，把袋中的马奶倒在几只木碗里。开始人们小心而胆怯地尝着，后来他们被这香气四溢的马奶酒所吸引，一个个都大口大口地喝起来。这就是最早的马奶酒。喝完这马奶酒后，人们感到既清爽可口，又解渴消乏，一天长途跋涉的疲劳和困倦一点也没有了，一些喝得多的人脸色潮红，容光焕发，迷迷糊糊地入睡了。这时一些尚未喝够的人，都去打开自己装马奶的皮袋，但他们袋中的马奶，依然如故，没有一点变化。他们以为这个羊皮袋是“宝袋”，就又给它装满一袋马奶，行走时由骑手们轮换抱在怀里。但几天过去了，这个袋中的马奶再未发生那样奇迹般的变化。正当人们大失所望的时候，另一位牧民马奶袋中的酒也发生了同样的变化。这回，聪明的牧人们并未急着喝光那使他们垂涎的马奶酒，而是在一起仔细研究着它由奶变酒的原因。他们经过反复研究之后发现，这两次变成马奶酒的羊皮袋都是挂在马镫附近，在马急行时，骑马人的脚不停地踢打在奶袋子上，奶在袋内发热发酵，这样才使奶变成了酒。就这样，制作马奶酒的方法很快就传遍了整个柯尔克孜草原。也不知过了多少年，由脚踩的办法改成用木棍搅动，而且一直沿用到今天。

柯尔克孜人还有一种一年四季常喝的酒就是勃左。勃左的用料主要是粮食，因而四季皆可酿制。这种粮食酒又因原料之别，有冬酒夏酒之分，也就是有热性和凉性之分。夏天多用青稞、糜子、谷子等农作物酿制，冬天多用小麦、苞谷、大米等粮食酿制。制作的方法是：把小麦挑选干净后，晾干，再用温水浸湿捏干，用棉被盖严捂起来，等发芽有 0.2～0.5 厘米时，拿出来晒干，磨成粉。冬季一般掺苞谷面

马奶酒 （塞力克摄）

70%～80%，夏季一般掺青稞、糜面70%～80%，而且原料越杂，质量越好。第一次可放蒸馍用的发面做菌种（以后可用过滤酒渣做发酵菌种），拌匀后捂起来。冬季在生火的房子里发酵两三天，夏季一天即可。发酵后闻有酒味时，即可拿出来加水过滤。过滤后成粥汁状，再放在锅里用文火煮沸，即成勃左。冬天热喝，夏天凉喝。其酒味醇厚、甘美、清香，甜中略带点酸，好的勃左可达到10度左右。勃左不仅是好的饮料，而且还有一定的药用价值，可以去寒、生津，去脂肪、开胃助消化的作用更为显著。勃左不掺任何药物，却可防病治病，这对少医缺药的深山僻壤的柯尔克孜人来说，自然是一种得天独厚的好饮料。在漫长的历史长河中，一部分柯尔克孜人从叶尼塞河迁至帕米尔地区游牧，这里人烟稀少，交通闭塞，人们生活贫苦。他们主要以放

牧、打猎为生，兼种生长期短的青稞、苞谷、糜子、谷子等农作物。在艰难困苦中挣扎的柯尔克孜族人民，为了抵御高山冬天的严寒、夏天的酷热，他们利用现有的粮食，酿制了勃左。

柯尔克孜人长期生活在高寒山区，一年四季很少有蔬菜吃，鲜奶味道单调，需要有不同食品来改变口味，增进食欲，而酸奶、酸奶酪、酸奶疙瘩正是在生活实践中创造出来的食品。每年鲜奶生产旺季是高山牧区柯尔克孜妇女最忙碌的季节。她们把一大桶一大桶的鲜奶煮沸，用瓢勺舀出上面金黄色的一层奶油，然后将奶油加工成酥油，将剩下的奶加工成酸奶酪、干酸奶和酸奶疙瘩。夏秋季节，柯尔克孜人出门，马背上总是要驮着一个鼓鼓的羊皮口袋，里面装的就是他们用以充饥和解渴的饮食——酸奶。如果出远门，柯尔克孜人马背上携带的则是一只用细白布缝制的袋子，内装经过压挤过滤的干酸奶。这种酸奶装在布口袋里，挂在马背上，随着马奔跑时的颠动，水珠不停地顺着布袋往下滴着，奶酪便越来越干。饥时从口袋内抓出一把，吞上几口即可充饥，渴时往木碗里加满清澈的雪水，一口气饮下，那凉爽真是透人心脾，既解渴又消乏。

酸奶疙瘩也是柯尔克孜人喜爱的奶制品，制作酸奶疙瘩，大部分是柯尔克孜族老年妇女和姑娘的任务。她们三五成群坐在毡房前的草地上，把挤干了水分的酸奶用手团成一个个小圆球，整齐地摆在芨芨草编成的席子上晒晾。酸奶疙瘩晒干后，可以长期存放，三五年也不会变质霉坏。柯尔克孜人食用酸奶疙瘩的方法很多，不仅可以当点心吃，而且还可以做酸奶面条。这种柯尔克孜人特有的酸奶面条，不放其他任何佐料，吃起来自有淡淡的咸味、酸味和奶香味，特别是那浓浓的奶香，刺激着人们的食欲，让人垂涎。

## 三、白毡房

一望无际的草原上散落着一顶顶白色的毡房，柯尔克孜人祖祖辈辈就生活在毡房里，清晨袅袅炊烟升起，柯尔克孜人一天的生活就这样开始了。

毡房就是游牧民族流动的家。毡房搬迁方便，易于短时间内搭成和拆搬，且冬暖夏凉，还能抗御暴风。毡房古名“穹庐”，一般高 3 米多，直径三四米，四周用 80～120 根条木结成网状圆壁（开列盖），与用椽木组成的伞形圆顶（昌格尔阿克）两部分组成毡房骨架。外面先围一圈芨芨草帘，草帘外再围以白色厚毡，用毛绳勒紧。壁上留有木框门，顶部中央留有圆形天窗，可以通风和吸收阳光，室内设有火塘和炉灶。进门右边为厨房，用精心编织的芨芨草帘围住。右后角为父母及年幼的子女的铺位，左后角为儿子和媳妇的铺位，中间为客人铺位。

**白毡房**　（塞力克摄）

柯尔克孜人的居住条件，随着社会的发展不断发生着变化。现在，“千人共一帐”的部落、“阿寅勒”的群居生活成为过去了，就是一家

人三代同室的现象也不复存在了。生活在平原地区从事种植业生产的柯尔克孜人已经住上了砖木、土木结构的住房。生活在广大高山牧区逐水草而居的柯尔克孜牧民的住房情况已有了很大的变化，盖起了新房，过上了定居的生活。

踏进柯尔克孜人的房门，一幅色彩绚丽的巨型挂毯便映入你的眼帘。靠门的墙上钉有衣架，衣架上挂有精心刺绣的盖布。还有编织精细的门帘、绣花窗帘，这些门帘和窗帘都是家庭主妇千针万线、精心绣刺的具有民族特色的图案。夏季则是用芨芨草精心编织的草门帘，其风格也很别致。床四周设有床帏，坑上铺有地毯花毡，花毡上还铺有坐褥。柯尔克孜族居住条件虽然发生了巨大的变化，但其住房内的布置、陈设仍然较多地保留有游牧民族的特色和风格。虽然在他们的住房内置放着雕有花栏的木床，但这只是摆设，他们依然喜欢睡在铺有层层花毡子和羊皮的土炕上。不论冬夏，不论家里有多少床被褥，有多少对枕头，他们从不收进壁橱或衣柜，而是整齐地一层层地叠在一起，有的可摞到一人多高，沿毡房壁摆半周，形成一堵五彩缤纷的“花墙”，给人以富有的感觉。

穹庐众人搭　（塞力克摄）

## 四、马背上的民族

“马是英雄的翅膀”，这句

柯尔克孜族的古老谚语道出了几千年来柯尔克孜人的生活习惯，说明了马在柯尔克孜族人生活中的地位。

骑马，是柯尔克孜人生下来要学会的第一件事。孩子生下来，父母要把孩子抱在马上，让孩子跨在马上，在母亲的保护下走一段路，使襁褓中的婴儿领略一下骑马的乐趣，希望孩子长大后成为一个善骑的勇士，成为草原上的英雄。孩子长到七八岁时，就要与马为伴，锻炼自己的"翅膀"了。柯尔克孜人把马视为家庭的一分子。他们对于自己心爱的马，像对待家里人一样，除给予它丰盛的草料外，还着意精心装点打扮它。马鞍、马镫，选最好的材料，请上等工匠打制。古代柯尔克孜族的金银珠宝，除镶在家庭主妇的首饰、发饰、胸饰上以外，其余的就是装饰在马鞍、马辔、马鞭上。姑娘出嫁，要带着在娘家从小骑到大的骏马作为陪嫁，富有的人家要带好几匹。

柯尔克孜人视马若神明，在他们的心目中，马是主人的忠实伙伴。在柯尔克孜民间流传着"艾尔托什吐克"的故事，英雄艾尔托什吐克的坐下马，不仅会讲人语，而且深谋远虑，有先知之能。正是他的这匹马将他的爱妻被抢的事告诉给英雄，并为英雄设计救回了女主人。像这样的情节在柯尔克孜民间故事中屡见不鲜。柯尔克孜人如此器重马，因为马是有灵性的动物。一般柯尔克孜族的老人去世后，他经常骑的马也会因主人的死去而心情悲痛，食量减少而消瘦，有的很快死去。按一些柯尔克孜人的习惯，老人去世后，他的马一般不会让别人再乘骑，而且在搬迁时，让马驮着亡主的衣物。到了一年之后，即使马不死，也要把它宰了以祭主人，作为主人的殉葬品，让它跟着主人为伴而去。近年来，虽然了有飞机、火车、汽车、摩托车、自行车等交通工具，马仍然是牧区草原上柯尔克孜人的坚强翅膀。

在帕米尔高原上生活的柯尔克孜人被称为"高原之舟"的驾舟人。"高原之舟"指的就是牦牛，牦牛为什么被称作"高原之舟"？它与驾

舟人柯尔克孜族有着怎样密切的关系呢?

牦牛，柯尔克孜语称“胡塔孜”，意为高原动物。根据《后汉书》的记载，早在两千多年前，西域各地就已家养牦牛。西迁帕米尔的柯尔克孜族，牦牛自然就成了他们驯养的牲畜。牦牛爬雪山，过冰川，翻大坂，都如履平地。它负重长途跋涉，不出汗，不气喘；它适应力强，特别耐寒，在－40～－30℃的风雪高原，饥食枯草渴啃冰雪，依旧可以负重远行。高原的风雪，练就了它适应高寒艰苦环境的坚韧性格。它运载货物像一只小船一样可以飘向高原的各个角落，因此被人们称为“高原之舟”。

柯尔克孜族人是以肉、奶为主要食品的民族，而牦牛提供肉食的需要正好优于其他家畜。牦牛繁殖力强，小牛犊适应能力也强，随母牛长途奔波，不需要人的照顾。牦牛产奶期长，且营养丰富，提炼酥油率可达产奶量10％～20％。一头成年的牦牛可宰肉200～300千克，质佳味美。特别是它具有易于饲养的优点，深得柯尔克孜族人的喜爱。柯尔克孜人视牦牛为英雄，并不只是因为牦牛长着高高盘在头顶上坚硬的尖角，走起来铜眼圆睁，具有旁若无人的英雄气概，主要是指它保护畜群的英雄行为。牦牛群夜间在荒郊露宿，一般都是成年大牛自动头朝外，尾朝内，卧成一个圆圈，小牛犊卧在圆圈中间。大牛像围城一样，护卫着小牛，防止野兽的侵害。

## 第二节　生命历程

### 一、人之出生

柯尔克孜族有句俗语：柯尔克孜人唱着歌来到世间，唱着歌离开人间。歌声代表着一个新生命的诞生，歌声代表着一个生命的离去，歌声伴随着柯尔克孜人从出生到死亡的整个生命历程。在不同的年龄阶段都需经历隆重的仪式。

柯尔克孜族妇女分娩时要举行热闹隆重的庆贺仪式，以祝贺添丁之喜。分娩仪式主要是老年妇女参加，一般由有经验而且人丁兴旺的妇女或者专职接生婆接生。婴儿出生后，接生婆剪断脐带，洗净后用红布包好，通知等候在门外的男人们。婴儿的祖父和父亲骑上马向左邻右舍和亲朋好友报喜，并在门上挂红布标记，表明男子不得随意进入。有的地区在婴儿降生后还在房顶上喊三声。接到报喜的人们，带着衣帽、首饰和肉、奶制品等食物前来祝贺，产妇家宰羊招待。由客人中年纪最大的、家丁兴旺的妇女作代表，从奶碗中舀一勺牛奶倒入另一个碗里，祝福婴儿健康成长。有的地区在产妇分娩时，在门外拴一只鹰，以避邪祛妖，护佑孩子顺利降生。

孩子出生第3天，举行命名仪式。仪式上主人宰杀牲畜，请客吃饭。年纪最长的老人抱着孩子，把一块煮熟的羊尾巴油慢慢塞进孩子嘴里，在孩子的左右耳边把名字各唤3次。最后，参加仪式在座者一一重复其名字。在命名仪式上，人们还唱起“命名歌”，把祝福带给刚出世的婴儿。柯尔克孜族给孩子命名有多种方式，名字的意思也很多。一般预先挑选许多名字，在命名仪式上边用火镰打火石，边一个个地喊出预先挑好的名字，如果喊到一个名字，正好打着了火，就给孩子确定此名。在挑选名字时，孩子的名字一般是从祖辈名字里面挑选一个很有出息的名字加上父名而组成，其意是激励后辈们学习祖先的优秀品质，做一个出类拔萃的人物。或者挑选历史上民族英雄人物的名字，也有当场起在座的德高望重者或百岁老人之名，还有人以出生地为名。信奉伊斯兰教的柯尔克孜族多起经名或圣人、贤人的名字。柯尔克孜人也多以山林、猛兽、花草、河流或自然现象命名，如“布兰巴依”（风旋）、“阿依古丽”（月亮花）、巧丽潘（星星）、“安瓦尔”

（曙光）、“阿尔斯坦”（雄狮）、“苏奇巴依”（河流）、“阿坦巴依”（雄骆驼）、“阿斯喀尔”（山顶）、“喀尔勒巴依”（白雪）、“奥尔满”（绿林）等。柯尔克孜族忌用宗教禁食的动物和禽类名为孩子起名。

孩子出生后第 7 天或第 9 天要举行入摇篮礼。仪式开始时，祖母或者是母亲将洗浴干净、穿戴一新的孩子抱到来宾面前一一过目后，由一位老年妇女代表宾客致辞，然后把孩子放入已铺好的摇篮内。若是男孩子就在枕头下面放“库姆孜”琴或一把小刀、猎枪，预祝男孩长大成为一位好琴手或一位勇敢的猎手；若是女孩，在枕头下面放针线或扫帚，预祝女孩长大后成为一位理家的能手。但大部分情况下，无论男孩、女孩，枕头下除上述东西外，不可或缺的是《古兰经》或是其他宗教书籍。孩子放好后，再捏一下孩子的鼻子，让孩子大声啼哭，以示孩子身体健康。

婴儿出生第 40 天时举行的是满月礼。这一天，婴儿要脱掉出生时穿的衣服，换上用 40 块花布缀成的衣服，主人必须请本部落妇女和其他女性亲属参加仪式。这一仪式的最大特点是无论什么都要凑足“40”这个数。参加仪式的妇女不得少于 40 人，仪式开始时祖母或近亲一位老年妇女，把一个金镯或金戒指放进盛有水的木盆里，然后把孩子放入盆中，让 40 个来客轮流用勺倒水慢慢淋在婴儿身上，先由德高望重的年长妇女开始。一人倒一勺，必须倒足 40 勺。淋浴完毕，在房子正中餐布上，点燃 40 支用生羊油制成的蜡烛，将孩子在烛光上摇晃 40 下。来客拿 40 块奶疙瘩，盛于一个新碗内，放在孩子面前。最后，第一个倒水的妇女把孩子出生时挂在门上的红布和羽毛取下。据说，40 勺水、40 下摇晃、40 块奶疙瘩加起来共 120，它标志着婴儿可活到 120 岁。

等到孩子长到 1 周岁，要举行周岁仪式。仪式当天要请 12 个小孩参加，主人宰羊或杀马驹招待来宾。仪式开始时，招待贵宾的食物摆在桌面上，在餐布中央点一支蜡烛，让过周岁的孩子吹灭，接着给过周岁的孩子喂12勺牛奶，表示孩子已过了12个月。进餐时，12位小客人每人拿一块奶疙瘩和自己带的礼物一起送给过周岁的孩子。参加仪式的年长者，从盘中的肉上割下12块给过周岁的孩子吃。割肉时也有讲究，一般在耳朵上割两块，眼睛上割两块，4条腿上各割2块，在客人分食尾油、头和其他部位的肉时，每处都要剩一点给过周岁的孩子吃，以此祝福孩子健康成长，百病不生。饭后要举行适合于小孩玩的各种游戏活动。有些富裕家庭则举行赛马、叼羊、摔跤、马上角力、拔河等多种游戏。有些地方的周岁仪式上要举行解绳子仪式。先让一个孩子站着，用一根红毛线拴在孩子的双腿上，让一群三四岁的男孩从100米的地方跑步来到孩子面前，解开红毛线绳，并奖励解下绳子的男孩。

柯尔克孜族少女　（塞力克摄）

柯尔克孜族孩子在5岁或7岁时要举行成年礼。为女孩子举行的是扎耳仪式，举行仪式时，只准妇女和女孩子参加。先由一位年纪最长的妇女给女孩梳40条辫子，并唱扎耳歌和说些祝福的话，然后由民间专门从事扎耳眼的妇女扎耳眼。扎好后，女孩的母亲赠送给女儿一对耳环，来宾们也分别赠送耳环、手镯、衣服、帽子、小镜、梳子及其他饰物。在赠送礼品时，大都唱着即兴的扎耳歌以示欢庆。在民间，

举行扎耳仪式后的女孩不能同男孩一起玩耍，不能与兄弟们同一床睡觉，要遵守男女有别的种种讲究和妇女传统规矩。

对柯尔克孜男子来说，在成人时举办的割礼是仅次于婚礼的大事，届时要举行隆重的仪式。割礼由阿訇主持，专职的割礼师为男孩割去生殖器的包皮。当日，男孩要沐浴更衣，穿上盛装，与几位小伙伴一起坐在房子正中上座，其他来客不论年龄大小，都坐在他们左右两边，主人必须宰牲款待来客。席间，割礼师给孩子送“吉力克”（一双羊腿骨肉），讲述关于割礼的传说故事。男孩的亲友们给孩子说些轻松愉快的话，减轻孩子的紧张情绪。动手术时，阿訇念经祈祷，割礼师唱着割礼歌，分散男孩的注意力，同时娴熟地完成割礼。来客们给孩子送的礼大多是零花钱，也有送衣帽及入学时需要的学习用品。富有的家庭还举行赛马、叼羊等娱乐活动。仪式后，男孩不能穿开裆裤，不能与父母和姐妹同床共被，更不能在长辈和妇女面前失礼。

## 二、丧俗丧祭

出生时的祝贺标志着新生命的诞生，而丧礼上的丧钟则是生命的终结。当柯尔克孜人的生命走向尽头后，一般根据伊斯兰教习俗下葬，土葬不用棺木，遗体存放不得超过 3 天。完成以下几个仪式：洗、穿、站、埋。

洗，就是洗净尸体。人死后先要停尸于床上，尸体盖一块白布单于宽敞通风处，然后准备温水和两把水壶。洗时一人灌水，一人执壶帮助冲洗，一人洗涤。男洗男尸，女洗女尸。洗后将尸体擦干净。穿，就是给尸体裹“克凡”（尸衣），“克凡”均为白布，男为三块，女子再加裹胸和包头各一块。然后将尸体放在公用的抬送死者的“塔卜”上，或抬往清真寺，或放在自己院内。站，即“者那孜”，就是为死者举行殡礼。出殡时，把灵柩抬到清真寺或平地上，在阿訇或伊玛木的主持下，集体为死者进行祈祷。殡礼不能在礼拜大殿内进行，还必须避开日出、日落和正午三个时辰。

上述三项仪式完成后，即可下葬。按传统习俗只允许男性送殡，不允许妇女送葬。遗体抬往预先挖好的墓地，坟坑呈长方形直坑，南北向，距洞底30厘米左右掏有偏洞，长2米，宽、高各约1米。安葬时，两人先下至坟底，当遗体放入坟内后，由他们接送至偏洞内，头北脚南放好，在头下置一土块为枕，然后将头部一端的布结解开，使死者面向西方（表示归向安拉）。洞口用石板或土块封闭，直坑用土填平，其上砌成伊斯兰式的坟头。

人去世下葬后，一般要举行4次祭奠仪式，即在葬后的第3天、第7天、第40天和周年各举行一次。每次仪式均需宰牲请客，哀悼亡灵。为祭奠亡灵，死者亲人40天内不能梳头、理发和刮脸；一周年内不能穿新衣和花衣服；不能举行和参加各种娱乐活动；不能用死者的马匹和马具；不能举行婚礼。如果一年内需要搬迁，死者的幼子和妻女要牵着死者生前用过的马，大声唱挽歌。

塔城信仰藏传佛教的柯尔克孜族的葬法是用棺材下葬，约当地时间上午9点（北京时间11点）出殡，先在院落或楼前举行出殡仪式，死者亲属站立于前排，其他参加者为其生前好友和同事等。先由仪式主持人宣读死者简历，颂扬死者生前的诸多善举，后宣读各地来的唁电。土葬时挖两米多深，棺材放入后，由亲属用铁锨埋土，土堆高出地面一米多，其四角由喇嘛插上四面小白旗。人们由左向右绕三圈，死者家属给每人递一杯酒，人们将其洒于坟土堆上。人们离去后，死者家属将剩余酒全部洒于坟土堆上。一年后，再立碑。妇女不参加当天的下葬仪式。

黑龙江省富裕县的柯尔克孜人的葬法有土葬和火葬两种形式。土葬时往男性死者嘴里放进一块银币或铜币，女性死者口中放进珊瑚或

珠子，然后请老人净身装殓入格，死者的亲友用烧酒、点心等上供，晚上守灵。一般在第 2 天或第 3 天送葬。火葬时，把骨灰放入罐子，埋于地下。不曾生育的女性和孕妇死后则进行火葬。

## 第三节　竞技游艺

柯尔克孜族的民间体育竞技分为三种类型：体育型，如赛马、叼羊、拔河、马上角力、兔子蹬腿、单腿跑等。智力型，如九槽旗、交叉旗、藏髁子、飞了飞了等。娱乐型，如找伴侣、蒙眼找伴侣等。

猎鹰编队　（塞力克摄）

柯尔克孜牧民为保证牧草更新和繁茂，每年要轮换两次草场。初春，一户户的柯尔克孜族牧民赶着牛羊马驼，驮着帐篷、家具、食物，开始从冬牧场转到夏牧场；秋末，他们又成群结队拖家带口，负着他们的全部财产，搬回冬牧场。从冬牧场转到夏牧场，一般近者四五天，远者十多天，既劳苦又快乐。为了庆祝乔迁之喜，他们要在水草丰茂、地势平坦、风景优美的新居旁举行盛大的庆祝活动。叼羊、赛马、库姆孜弹唱会，大都是在喜庆丰收、乔迁、节日时举行。

叼羊是青壮年特别喜爱的一种竞技活动，它既是力的较量，又是智慧的竞争；既比勇敢，又赛骑术，更是对牧民驯马技术高低的一次检阅。此活动来源于古代的练兵活动，其主要目的是为了提高马技和战斗水平。

叼羊比赛中首先把一只羊割去头，取掉内脏，然后在食盐水里泡上一两个小时，使其肉变得结实。然后叼羊骑手分成两组，多者六七人，少者三四人。首先在赛场附近挖 1.5 米左右的小坑，作为优胜者扔羊的地点。开始时，裁判将羊扔在地上，口令一响，各个骑手像离弦的箭飞速冲向羊羔，于是一场激烈的角逐开始了。大家奋力争夺，有的骑手如山鹰取兔，从天而降；有的骑手似猛虎捕食，猛扑过来；有的似海底捞月，倒挂马背；有的镫里藏身，藏在马肚之下。最精彩的是当一骑手将羊叼到手，夺路飞奔而走时，其他骑手驰马如同流星赶月一般穷追不舍。前边的骑手突然将马勒住，使追赶的骑手们措手不及，向前冲去，而他已拨转马头，逃之夭夭，或将羊羔从飞快的马上抛给另一骑手，似篮球运动员高空传球一样出奇取胜。这一个个惊险的场面，使观众惊叹不已。

叼羊的优胜者是草原上最受人尊敬和羡慕的人。叼羊赛结束后，草原上最有威望的“阿克沙卡尔”要把无头的羊羔在众人的欢呼和鼓掌下赠给胜利者。据说，谁要能吃上一口这只羊羔身上的肉，谁就可以得到 40 名勇士的智慧和力量。若胜利者是一位未婚的青年，还会得到姑娘们的青睐，甚至会得到一块绣得精巧的丝手帕作为定情信物。

赛马在节日和喜庆时举行，一般分为跑马赛、走马赛和跃马赛三种。参加跑马赛和走马赛的骑手多为十一二岁的男孩，参加跃马赛的年龄不限。参赛马匹的马鬃和马尾上用各种颜色的丝绸和布条打扮装

饰，骑手则头缠红巾，身穿鲜艳的民族服装。赛程一般为20～30公里。比赛开始，只见赛手扬鞭催马，风驰电掣，各显神威。四周的观众欢呼雀跃，呐喊助威，气氛异常热烈。赛马中获胜，不仅是获奖者的光荣，同时也是阿寅勒、氏族和部落的光荣。赛马不仅锻炼身体，丰富文化生活，而且培养了骑手坚毅勇敢、争胜好强的性格。

英勇善骑的勇士，马上竞技的高手，是柯尔克孜人崇拜和尊敬的形象，自然也是柯尔克孜族姑娘择配的佳偶，追逐的对象。民间流传着“不会骑马的人，不是柯尔克孜人”，“不会骑马的人，得不到姑娘的爱情”的说法。

每逢节庆集会和婚嫁喜事，柯尔克孜族牧民都要举行追姑娘活动。参加比赛的选手，无论男女都各自代表自己的部落和村落。此活动首先在茫茫草原上选定起点和终点。青年男女选好对手后，成双成对从终点向起点并辔慢行。一路上，小伙子可以任意向姑娘逗趣，说俏皮话，或者表白爱慕之情，甚至可以求婚，姑娘则多不表态。到达起点后，姑娘骑马在前面疾驰，小伙子在后面紧追不舍。如果小伙子追上并超过姑娘，首先到达终点，就算小伙子获胜。倘若小伙子未追上，姑娘首先到达终点，小伙子就知趣地远远走开，以避众人取笑。有的小伙子追上姑娘后，并马而行，倾吐真情。若姑娘有意，小伙子便请媒人向姑娘父母提亲。

马上角力竞技活动历史悠久，早在唐代，古柯尔克孜人就有角力的活动。这种马上角力，起初只是青年士兵们练兵的操练活动，为的是能够在战场上与敌人马上拼搏。后来，这种角力成为一些青年人裁决难以解决的事情的一种方式。这和有些民族决斗时击剑相类似，以马上角力的胜负，判定对某一事物的取舍。慢慢地马上角力这种检验游牧民族的马术和体力、智慧的综合性活动，就变成了柯尔克孜人全民族的民间体育游戏活动，而且由青年男子发展到包括少年女子、老年妇人在内的男女老幼都喜欢的民间活动。

柯尔克孜族的角力赛中，以老太太的马上角力最有趣。在平坦的草原上，人们围成一个大大的圆圈，两个拖着银灰色发辫的老太太，翻身跨上子孙们为她们牵来的装饰一新的马，纵马跃进了草坪中心。两人脸带笑容，在马上施礼问候，有时还会在马上抱在一起互相亲密地吻着对方布满皱纹的面颊，然后纵马向不同方向驰去。当两人勒转马头，重新照面时，就成了另一种态度了，人和马都已一改刚才那文质彬彬的姿态。两匹马几乎是同时冲上前去，两个人如临大敌，真是先礼后兵。起初还只是两只手紧紧地拉在一起，两匹马在草地上慢慢地兜着圈子，两个人用力将对方向自己一方拉着，力图将对手擒拿过来或拉下马。

猎鹰与主人飞驰奔向目标　（塞力克摄）

柯尔克孜族在骆驼上比武，另有一番风趣。他们在比赛时，都骑着自己训练有素的骆驼。赛场两边栽上木桩、草人，在经过的路线上，

竖木栅，设障碍。比赛开始，骑手手持大刀，驱驼飞奔，越障碍，跨木栅，抡刀左右开弓砍两面的目标。若在规定时间内，越过全部木栅、障碍，把两边的目标全部砍掉，算优胜，可奖羊只、马匹。另有驼上打靶的活动，这是比赛枪法的游戏。驭者在奔驰的骆驼身上举枪，把规定的目标全部击中为胜。

女子赛马主要在姑娘、媳妇中举行，是赛马活动中非常有趣的一种传统马术比赛。女子赛马，参加的人数不限，少则数十人，多则可达百人。人数越多，比赛的场面越大，竞技越激烈，越为人们喜爱。在比赛前，各个选手着意装饰着自己和坐下的骏马。绣工精细的马衣、精心制作的马鞍、马嚼和马镫，把骏马披挂一新。姑娘和年轻媳妇们，身着节日盛装，打扮得花枝招展。选手们在主持人的带领下，一个个紧勒马嚼整齐地排列在起跑线上待命。比赛的距离为2500～5000米，一般多在平坦的大草原上进行，有时也在比赛的路线中选有深涧、山丘、河流等自然障碍和设置人工障碍物。赛场的起点、终点及途中都设有裁判人员。选手们在口令下达后，必须按照指定的路线飞马奔驰，并越过一道道障碍物，向终点冲去，以到达先后排列名次。绕过障碍、脱离指定路线或中途换马者，不记名次。

参加飞马拾物游戏的一般是骑术很高的青少年。在广阔的草地上挖一个小坑，将一枚银元放在坑内（无银元者用一朵小花或其他东西代替）。参加游戏的人，骑马站在离小坑约100米以外的地方，当主持人发出开始的命令后，骑手们策马向小坑冲去，在飞奔的马上将坑内的银元拾起。这种比赛，一般为分组赛和个人赛两种。分组赛以拾的次数多者为胜。个人赛是两人同时从起跑线上出发去拾银元，抢到银元者为胜。这一活动特别强调时间和速度，即要求在规定的时间和速度内完成，特别是在拾物时不能减慢速度，所以称为飞马拾物。如减慢速度即取消比赛资格。若从马上掉下来，还允许再重拾一次。飞马拾物的活动，是检验一个骑手的骑术和勇敢的体育活动。

柯尔克孜族的民间游戏觅知音又叫寻伴儿、觅偶。一般是在大型集会上或婚礼游戏时举行。这是柯尔克孜族青年男女借游戏的机会，传递爱情、交流思想的一种有趣的恋爱方式，具有浓郁的民族特色。

游戏开始前，首先推选一位能说会道的人为“汗王”，作游戏的主持人。除主持人外，参加游戏者分为男女两组，但两组人数不能对等，必须多一男或多一女，就是在参加游戏的人中，必须有一人没有伴儿。游戏开始时，坐在“汗位”上的“汗王”，将男女青年分别分成两排分列左右。当“汗王”风趣地宣谕“为了汗国的繁荣和昌盛，我的臣民们，去寻找你们的知音吧！”这时参加游戏的人都各自去寻找自己的知音，然后双双对对来到“汗王”面前谢恩。此时那位未觅到知音的人，只好一人垂头丧气地站在一边，不敢面见“汗王”。“汗王”风趣地赞颂找到知音的男女青年，并把没有觅到知音的人叫到跟前，用诙谐幽默的语言揶揄这位无能者，再命他唱一支歌或跳一个舞、讲个故事、说个笑话，以示惩罚。然后“汗王”问这受罚者：“可怜的人儿，你愿与谁为知音呢?”这时受罚者就会指出一名“意中人”。被夺取伴儿的人，当然不愿让出自己的知音。这样双方为争夺知音而争论不休，并到“汗王”处申诉，请“汗王”裁决。“汗王”幽默的问话，双方激烈的答辩，争夺者委婉的陈词，逗人发笑。经过一番唇枪舌剑的较量之后，败诉者不但要受罚而唱歌、跳舞，还要把知音让出来。“汗王”如果在裁断时态度暧昧，裁决不公，也要受罚。

这个游戏，场面大，参加人数多，内容活泼，尤其那诙谐的辩论、幽默的回答、激昂的陈词、贴切的比喻、风趣的提问，往往使人捧腹大笑。在整个游戏过程中，有歌、有舞、有说、有唱，妙趣横生，别具风格。

游戏“狼来了”参加的人数一般在10人以上，其中一人为“狼”，

其他人为“羊”。这个游戏，规定一个回合为几分钟。扮演羊的儿童推选一个年龄较大而机智者为“头羊”，站在前面，其他儿童作为羊群列队在后面，抓住前面人的衣襟，紧跟在“头羊”之后。“狼”千方百计要抓“羊”，而“头羊”千方百计护着身后的“羊群”。若在规定的时间内，有半数以上“羊”被“狼”抓出队列，“狼”即获胜，扮演“头羊”者要受罚；若在规定的时间内，“狼”抓的“羊”不到一半，“狼”为输，扮“狼”者就要受罚，为大家唱歌、跳舞、学狼叫、学羊叫等。

剪绳子是少年儿童的游戏，在柯尔克孜地区比较流行，现在已成为柯尔克孜族中、小学生课外活动之一。在一块开阔地上栽两根木杆，在两根木杆之间横拉一条线绳，在线绳上吊上奖品：手帕、毡帽、马鞭、绣花荷包等。在学校一般都吊上铅笔、书本、作业本、钢笔、鲜花等。游戏开始时。主持游戏的人首先将一人的眼睛用毛巾蒙上，然后让其就地转几圈，给一把剪刀，让其在规定的时间内去剪下绳子上的奖品。若蒙着眼睛走到线绳跟前，剪断了线绳受奖，绳子上的奖品归己。若连剪三次未剪中要受罚。手摸、偷看都算犯规，取消参加资格。

藏戒指又叫戴戒指、找戒指。这个游戏，参加人数不限，男女青年均可参加。参加游戏的人并排坐成牛角形，每人都把手放在膝盖上，手掌朝上，主持游戏的人，到每个人跟前模拟戴戒指的动作后，让对方把手藏起来，以迷惑其他人。然后回到座位上大声说：“藏戒指者请过来。”此刻戴戒指的人即迅速离开座位跑到主持人跟前，这样坐在戴戒指人右面的人就要受罚。若戴戒指的人被右边的人抓住，戴戒指者受罚。若抓错了人也同样要受罚。这是一种很紧张的游戏。每一个参加游戏的人，都要仔细地观察左右人的神情变化，快速做出判断。藏戒指者更要沉着冷静，神情自若，稍有紧张之态，就会被人识破。

主持人也可将戒指给别人或自己戴上，然后请出一人来找戒指，此时，每一个人都装着戴着戒指的样子，藏双手于背后，找戒指者就

**抓石子** （塞力克摄）

要从各人的面部表情判断出真伪来。若在规定时间内准确无误地找到戴戒指的人，戴戒指者受罚；若找错了，或在规定时间内找不到，找戒指者受罚。以上两个玩法各有不同，但受罚者都要唱歌、跳舞、说笑话、讲故事、学鸟叫等。这种游戏，一般在草地上和毡房内进行。

月下寻物这个游戏比较古老，主要流传于柯尔克孜聚居地阿合奇县、乌恰县等地。该游戏一般是在夏夜的月亮下进行。参加的人员分成人数相等的两队，主持人站在两队中间，他先把准备好的 20 厘米长的木棒和以迷惑参加游戏者的骨头棒同堆在两队队员面前，迅速向相反的方向扔出去，然后大声喊："你们快去找木棒，拽着木棒吃块肉，找着骨头棒唱支歌。"这时，双方队员乘着月光去找木棒，若甲队队员找见了木棒，就喊着甲队的名字飞快地跑向主持人，这时乙方队员要堵截去抢；若乙队队员抢上了，就马上喊乙队的名字朝主持方向跑。双方经过激烈反复的抢夺，最后，把木棒交给主持人的队获胜。另一

队的队员就要在草地上跳舞、唱歌。

月下赛跑也是柯尔克孜族古老的游戏之一。据说在玛纳斯时代，柯尔克孜族男女不能同桌吃饭、同屋交谈、同场游戏，女子不能抛头露面。有一次玛纳斯打了胜仗，各部落共庆胜利，但只有男子才能参加各种庆祝活动，妇女只能远远观看。玛纳斯看到这种情况后，就让妻子卡尼凯组织妇女们在傍晚单独举行没有男子参加的庆祝活动。从那时起，妇女才开始自己组织男子不能参加的各种游戏。据说卡尼凯当时组织的第一个活动就是月下赛跑这个游戏。

月下赛跑的游戏一般在大型集会活动和婚礼时举行。由妇女们自己组织，按年龄分成若干竞赛小组。每次参加比赛人数是每小组一人，哪个组的第一名多，这个组自然就是第一。这个游戏后来发展成在竞赛时，在赛跑的路线上，设障碍、放礼品，在赛跑时要跳绳负重等。有的在选赛场时就选到深涧、水架、山丘的地方。月下赛跑不只是比跑步、比速度，而且还是比力气、比胆量、比跳跃等多项比赛。特别是妇女们在月光下进行，这就另有一番情趣。失败者在月光下的草地上载歌载舞，气氛热烈而活泼。

木马舞也有着悠久的历史。据《新唐书》“黠戛斯传”中记载，黠戛斯人的民间游戏有“弄骆驼、玩狮子、马技、绳技”等。这种马技，除了赛马、马术外，大概也包括木马舞这一民间游戏。唐代，柯尔克孜人与中原的友好往来频繁，文化生活上的互相影响很深。那时，叶尼塞河两岸的柯尔克孜人弄骆驼、玩狮子、跳木马舞，甚至舞龙灯、赛龙船之风盛行，不亚于中原和南方水乡。后来，随着环境的变迁，居住在帕米尔高原上的柯尔克孜人已不再玩玩狮子、舞龙灯和赛龙船的民间游戏，弄骆驼、跳木马舞的游戏却不断增添着新内容，变得越来越丰富，越来越精彩了。

柯尔克孜族的木马舞与汉族的跑竹马有点相像。首先用一根约 1.5

米长的木棒，一头系上用树枝或铁丝扎成的马头，再扎上红布、彩巾装扮成马头形，系上红缨、铃铛、嚼子、缰绳，马身上用一大块红毡裹上，马尾用黑纱巾和黑布扎成，也有的用马尾或牦牛尾的。将木棒系于舞马人的身上，一匹栩栩如生的骏马就活灵活现地出现在骑手的胯下。舞马人左手提绁，右手握鞭，随着音乐的节奏，翩翩起舞，表演着骑马奔驰的各种动作。左侧身前倾，表示马疾驰飞奔；身体前仰后合，表示胯下是一匹难以驾驭的劣马；身体平稳地左右轻轻摇摆，表示骑的是一匹调教有素的大走马；马头高仰，骑手两手紧勒马嚼，表示骑手正在驯一匹桀骜不驯的烈马；身体前倾表示上坡，身体后仰，表示下坡；马头高昂，马尾摇摆，表示长嘶。一个好的舞马人能生动形象地摹拟出骑马的各种动作。

木马舞的舞蹈姿势粗犷豪放，表演动作形象逼真，十分接近生活，惟妙惟肖地表现出柯尔克孜人驾驭骏马的高超技艺和彪悍勇敢的性格。柯尔克孜人的木马舞，多在明月之夜的草场上进行，舞者居中，观众围成圆圈。可以一人独舞，也可以几人同舞。库姆孜琴手为之伴奏，观众为之击掌助兴，场面十分热烈。

还有两种民间艺人，用木料雕刻成一小巧玲珑的木马，并配以马衣鞍鞯，装在一只凿着四个小洞的小木凳上，用绳子穿过木凳的小孔，将四只马蹄系上，连接于库姆孜琴手的指上，通过琴手弹琴时拨动的手指，牵动安装在马蹄下的机关，使凳上的小马做出四蹄奔腾、前蹄直立、昂首长嘶、跷尾跳跃等各种各样活泼逼真的动作。其动作的快慢，随着音乐的节奏变化，如同一匹活泼的小马驹，随着库姆孜琴声在翩翩起舞。这种游戏，深受广大群众特别是小孩子的喜爱。

攻占皇宫这一游戏的由来有一个故事：很早以前，柯尔克孜族各部落经常受到外族的入侵，后来柯尔克孜族出了一位出类拔萃的英雄汗王玛纳斯，他率领柯尔克孜族各个部落奋起反抗，终于打败了凶残

的入侵者，他们以骁勇追穷寇之势，一直把入侵者追到敌人的宫城下，将敌人的皇城团团围定。这一天，玛纳斯正设庆功大宴，宴请部下各部首领和将军们。因敌城已围困40天，敌人守卫严密，始终难以攻下，使得这位英雄汗王日夜操心，就是在宴席上也不忘攻城的事。他突然想出了一个攻城的作战方案，马上把自己的想法告诉了众首领。为了讲得清楚，他用手蘸着水酒，在餐布上画了一个大大的圆圈表示敌人的城堡，将一枚银币放在中间，表示敌人王宫中的国王，将餐布上的羊髀骨捡起来，当做敌人守卫皇城的卫兵，并按方位一一布置好。他抓起一只牛骨，作为自己的攻城卫队。就这样用牛骨攻，用羊髀骨守，一进一退，一攻一守，一来一往，在众首领和将军们的参谋下，经过几次反复和变换攻法，终于将一个个羊髀骨打出了各自坚守的阵地，并且将中间的“国王”也打出了圆圈，就这样制订了一个成功的攻打皇宫的方案。各部首领回到营地后，立即用同样的办法，向部下

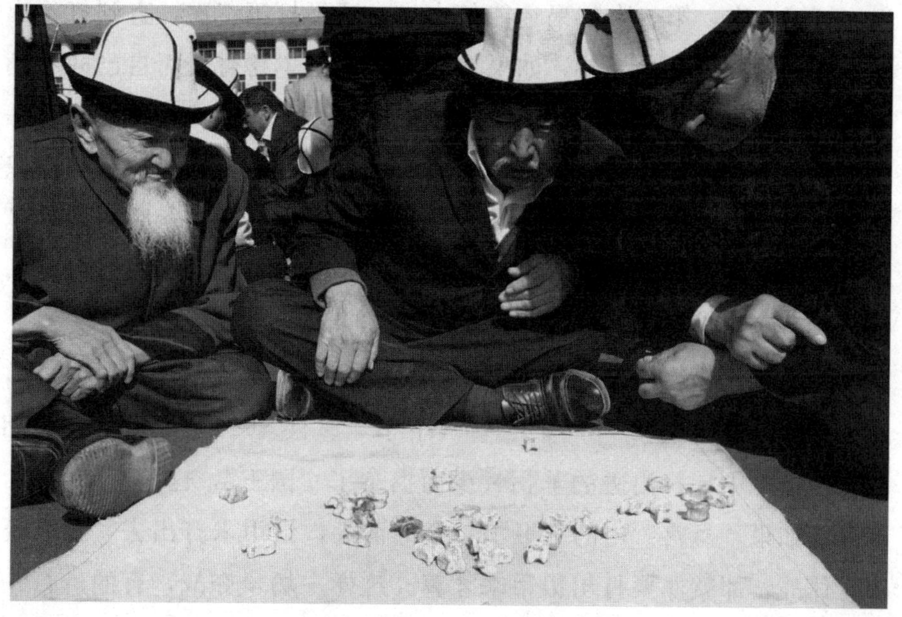

**攻占皇宫游戏**　（塞力克摄）

传达了攻城方案和部署，很快就攻下了敌人的皇宫，取得了战争的最后胜利。为了纪念这一胜利，古代柯尔克孜人就模仿这一部署形式，编成攻占皇宫的游戏，一直流传至今。

这一游戏一般找一块平坦的地方，画一直径10米左右的圆圈，参加游戏的人分成人数相等的两组，人数多少不定，多则数十人，少则6～8人，还必须选一公证之人做裁判。参加游戏者多为青壮年男子，上场时一般都穿白色衬衣，一方腰系红色腰带，一方腰系绿色腰带，以示区别。整个装束精干利索、英姿飒爽，有武士风度。游戏者在圆圈中间挖一个10厘米左右深浅的小土坑，将一枚银币放在中间，作为汗王，然后将羊楞骨按双方商定也摆在土坑边的不同位置，作为守卫皇宫的卫兵。“攻占皇宫”开始，双方队员围在圆圈外的固定位置，分别依次用手中的牛角方块骨打土坑边上的羊楞骨和土坑内的银币。

“打皇宫”的规矩是：如果一方牛角方块打出了一个羊拐骨，还可以连打第二次，第二次如果还能打出去，还可打第三次，直到打不出时才能让对方来打。另外，如果一人既打出了羊楞骨，而自己的牛角方块又落在离羊拐骨20厘米以内的地方，他就可以进入圆圈之内，一腿跪在地上，一手捡起地上的牛角方块去打近处的羊拐骨，但一次只能打一下，如果碰上了另一个羊楞骨，即取消连打资格。“攻打皇宫”还有另一个规定，就是队员站在圈外打羊拐骨时，脚不能踩圆圈的线，如果踩了线即为犯规，要停打一次。

决定双方胜败有两条标准，一是哪一方将土坑里的银币打出去，即为获胜，意为擒拿了“国王”，攻下了“皇宫”。二是如双方在长期的“冲锋”中，打出去的羊拐骨少而擒拿了“国王”，这还不能算赢，算和。如果“皇宫”内的“卫士”全部消灭，银币未打出去，双方还不肯休战，那就非要打出银币来才算。这样一场争夺战，有的进行一天才可结束，有时甚至不得不在夜里暂时休战，到第2天再分胜负。

# 第五章

# 传诵千年的民族文化瑰宝

## 第一节　丰富多彩的民间文学

在柯尔克孜族的文学遗产中，民间文学占据首要地位。包括神话、传说、故事、史诗、叙事诗、寓言、民歌、谚语、谜语、绕口令等，这些民间创作，规模宏伟，内容丰富，题材多样，流传甚广。带有诗歌押韵的形式，是柯尔克孜族民间文学的主要特点。柯尔克孜人很多具有即兴创作诗歌的才能，儿童从 7 岁开始就能背诵长诗和族源谱系。

### 一、英雄史诗——《玛纳斯》

柯尔克孜族人民以自己的智慧和才能创造了令世人惊叹的口头文学财富。《玛纳斯》是一部规模宏伟、色彩瑰丽的英雄史诗，堪称柯尔克孜精神文化的巅峰，与藏族的《格萨尔》、蒙古族的《江格尔》成为享誉世界的“中国三大英雄史诗”。在柯尔克孜族人民中间流传了上千年，柯尔克孜族将自己的历史、文化、生活、智慧、思想感情用口头史诗的形式展现给了世人。

《玛纳斯》描绘了柯尔克孜族社会的各个方面，使它成为语言、历史、宗教、文化、政治、经济、哲学、美学、军事、医学、习俗的百科全书。其主要内容是玛纳斯及其子孙领导柯尔克孜人民反抗外族侵略的斗争，表现了人民争取自由和渴望和平生活的愿望，歌颂了爱国主义、英雄主义精神。《玛纳斯》长期以来由民间史诗歌手玛纳斯奇以口头形式代代相继。在柯尔克孜族民间，专唱《玛纳斯》的歌手“玛纳斯奇”很多，现在最有名的是居素甫·玛玛依。他用二十多种曲调演唱的《玛纳斯》共有八部，约二十万行。第一部《玛纳斯》、第二部《赛麦台依》、第三部《赛依台克》、第四部《凯耐尼木》、第五部《赛依特》、第六部《阿斯勒巴恰、别克巴恰》、第七部《索木碧莱克》、第

玛纳斯舞　（金炜摄）

八部《奇格台依》。内容主要是玛纳斯家族八代人抵御侵略者的故事。除了中国新疆柯尔克孜聚居区以外，吉尔吉斯斯坦、哈萨克斯坦、乌兹别克斯坦、阿富汗等国也有《玛纳斯》流传。就目前所搜集发现的变体中，最有影响的要数中国居素甫·玛玛依演唱的变体、艾什玛

特·玛买特演唱的变体以及吉尔吉斯斯坦的萨额木拜·奥诺孜巴克和萨雅克拜·卡拉拉耶夫演唱的变体。

《玛纳斯》通过动人的情节和优美的语言，生动地描绘了玛纳斯家族几代英雄的生活和业绩，主要反映了历史上柯尔克孜族人民统一柯尔克孜族各部、联合和团结兄弟民族反抗卡勒玛克、克塔依人奴役的斗争，表现了古代柯尔克孜族人民争取自由、渴望幸福生活的理想和愿望。史诗从头至尾贯穿着年轻的玛纳斯反抗异族侵略、保卫家乡和柯尔克孜族人民的安宁生活这样一个主题思想，例如，玛纳斯说：

我们的人民，我们的土地，
这正是我日夜思念的大事。
为了子孙万代的神圣事业，
我愿在战场上度过自己的一生。

史诗塑造了上百个具有不同性格特征的人物。玛纳斯不仅是力大无比的勇士，而且是一位襟怀坦荡、不谋私利、眼光远大、足智多谋、知人善任的领袖。他非常尊重智慧老人巴卡依，采用他的计谋，接受他的批评。他对从克塔依部落里过来的人阿勒曼别提非常信任，把他视为自己最亲近的战友。他对自己队伍中思想狭隘、行动鲁莽的楚瓦克、包尔阿克等人耐心教育，帮助他们克服缺点。玛纳斯像个大海，百流争汇，团结在他周围的都是些英雄豪杰。同时，史诗也描绘了玛纳斯被胜利冲昏头脑，听不进别人的忠告，飞扬跋扈起来，结果在远征中受伤致死。史诗塑造了许多可亲可敬的妇女形象，如玛纳斯的母亲奇依尔迪、玛纳斯的爱妻卡尼凯依、玛纳斯之子赛麦台依的妻子阿依曲莱克等都是反抗外族入侵的女英雄。她们在平时是抚儿育女的慈母，是家务劳动的组织者，是自己丈夫的助手。在战争时期，她们和丈夫及本族人民一起驰骋疆场，冲锋陷阵，或者是在后方组织生产支援前线。她们热爱自己的家乡，自己的人民。她们同自己丈夫之间的爱情是纯洁的、真挚的，是同自己丈夫所代表的本族人民正义事业紧密地联系在一起的。史诗中所描绘的男女之间的爱情，具有更加深刻的思想性，这也反映了柯尔克孜族人民丰富的精神世界和崇高的道德情操。

《玛纳斯》在语言艺术方面具有强烈的民族特色。史诗常用高耸入云的山峰、深邃宽广的湖泊、滔滔奔流的大河，以及狂风、雄鹰、猛虎、狮子、豹子等来比喻和描绘英雄人物，例如，在史诗第一部里，英雄玛纳斯常常被称作“狮子”、“豹子”、“阿依库勒”（阿依，柯尔克孜语意为月，库勒意为湖，意思是说玛纳斯的智慧像月亮那样明，像湖泊那样深）等。

总之，史诗《玛纳斯》是柯尔克孜族人民智慧的结晶，在长期的历史发展过程中，它不只是简单地流传，在流传的同时还在不断得到充实、丰富与发展。

## 二、传说

柯尔克孜族的神话传说，主要内容为：宇宙和人类的起源，民族和部落的起源，民族的迁徙，人们与天神、鬼怪作斗争，自然现象，阶级斗争，生产斗争等，反映了柯尔克孜先民对大自然朴素的看法和征服自然的强烈愿望。

柯尔克孜族有关宇宙、人类、民族起源的传说有六七种之多。其中除伊斯兰教的内容，如真主创造宇宙和人类，人类最早的祖先亚当（阿丹）、夏娃（阿瓦）、努亚（努赫）等传说外，还保留有渊源于原始宗教萨满教的有关腾格里（天神）创造宇宙和人类的神话。据说，宇宙的绝对主宰腾格里首先创造了太阳，然后相继创造了月亮、行星、

大地、水、山、森林等，最后创造了人类。腾格里创造了大地之后，有一天从天泉降下大雨，大地出现了特大洪水，洪水把大地的土块带到西伯利亚喀拉塔什山的山洞。这个山洞的形状很像人，不久，堆在山洞里的土块变得像一个怀孕的妇女。9个月以后，这个像孕妇的土块生出了人类最早的祖先“阿依阿塔”。然后上述情景再次出现，生出人类最早的母姓“阿依娃”。根据这个传说，全人类都是西伯利亚喀拉塔什山生出的阿依阿塔和阿依娃的后代。

关于族源传说，柯尔克孜族中流传的除本书第二章所说的几例外，还有关于阿达姆（阿丹）之子努赫、努赫之子贾帕斯、贾帕斯之子吐尔克（突厥）、吐尔克之子柯尔克孜巴依的传说。据说，贾帕斯是努赫的第3子，其子为秦（汉人）、吐尔克、蒙古勒（蒙古）等数人。秦为老大，在大地的东方修建了一座名叫北京的城市，以种桑养蚕为业。吐尔克和蒙古勒迁到大地的北方，以狩猎放牧为生。吐尔克有几个儿子，柯尔克孜巴依是其中的一个。他长大成人后子孙很少，牧地很大，所以蒙古勒、塔塔尔的后裔陆续迁来，与他的子孙通婚，使他的人口增多。蒙古勒后裔成吉思汗来到柯尔克孜巴依的牧地时，这里的统治者是柯尔克孜巴依的后裔伊纳勒汗，他向成吉思汗赠送了红眼红嘴鹰，以示臣服。这个传说的一些情节在拉施特《史集》中可以找到其变体。乔汗·瓦里汗诺夫的《准噶尔游记》中亦记载了这种传说。

柯尔克孜族有关民族迁徙的一个传说是讲，柯尔克孜、何尔孜、克塔依（契丹）、吐尔克、秦是同一个祖先繁衍下来的兄弟。有一天，何尔孜和吐尔克为了争夺祖先遗留下来的一块加达塔什（求雨石）而冲突起来。何尔孜夺得了加达塔什，吐尔克不服，柯尔克孜居中调解，说：“把加达塔什扔向天空，落地如果正面朝上，就归吐尔克；如果背面朝上，就归何尔孜。”双方都同意这么办，但狡猾的何尔孜按照加达塔什的原样造了一块假的。第二天，何尔孜拿假加达塔什去抛掷，结果正面朝上，吐尔克把它拿了回去。吐尔克用自己得到的那块加达塔什求雨，怎么也不灵。他知道上了当，于是联合柯尔克孜、克塔依、秦一起攻打何尔孜。结果何尔孜取胜，柯尔克孜被赶到腾格里套（天山）和阿赖山。

## 三、叙事诗

柯尔克孜族叙事诗有二十多部，主要有《库尔曼别克》、《艾尔托什吐克》、《艾尔塔毕勒迪》、《艾尔塔尔兰》、《艾尔托里托依》、《考卓加什》、《阿勒帕米什》、《克孜萨依卡勒》、《西尔达克别克》、《交达尔别西木》、《吐坦》、《玛玛凯绍波克》、《卡尔特考捷克》、《赛依提别克》、《加尼什和巴依什》、《加额勒米尔扎》、《奥勒卓巴依和克什木江》、《库勒米尔扎》、《凯代汗》、《萨仁吉包凯依》等。

柯尔克孜族叙事诗以《库尔曼别克》为最长，流传得也最广。这部叙事诗有两种不同的版本：一种版本的《库尔曼别克》是在以反对卡勒玛克贵族的战斗中负伤而死为结尾；另一种版本的《库尔曼别克》是以其负伤后经爱妻卡尼什阿依治疗而痊愈，最终打败卡勒玛克贵族为结尾。故事的梗概是这样的：古代柯尔克孜族克普恰克部落有一个名叫台依提别克的国王，他的辖地是以喀什噶尔以西的乌帕尔地方为中心的整个帕米尔地带。台依提别克的部民不时遭到来自喀拉沙尔（焉耆）一带的卡勒玛克贵族的侵扰。国王原来有 7 个老婆，都未生子。国王 40 岁时，又娶了一个名叫苏莱卡的女人，生一子取名为库尔曼别克。库尔曼别克从小就机智、勇敢，他 12 岁时，克普恰克部又遭到卡勒玛克贵族的侵扰，台依提别克带着他的部分民众、牲畜迁到安集延一带。库尔曼别克长大后身边带有 40 个勇士。一次，他从安集延出发，一直打到喀什噶尔、阿克苏一带，在乌什修建了一座城堡。但在与卡勒玛克人朵仑汗交锋时，受伤而死。这时候，库尔曼别克有个

住在喀什噶尔的维吾尔族朋友阿克汗，他及时赶到，救了库尔曼别克的儿子赛依提。赛依提在阿克汗的抚养下长大成人，打败了朵仑汗，为父亲报了仇。

柯尔克孜族民间叙事诗有不少是以反对封建压迫和剥削制度，反对封建买卖婚姻、争取恋爱自由为题材的。《库勒米尔扎》就是一部以悲剧为结尾的爱情叙事诗，讲述的是一段凄美动人的爱情故事。相传，以前柯尔克孜族有一个巴依（富人）名叫考卓木加尔，他有一个女儿名叫阿克萨特肯，爱上了穷苦的牧羊人库瓦特的儿子库勒米尔扎。而考卓木加尔要把自己的女儿嫁给另一个财主。库勒米尔扎和阿克萨特肯冲破重重阻拦，历尽千辛万苦得以在阿克萨特肯的毡房里相会，却被阿克萨特肯的叔叔发现了，库勒米尔扎被阿克萨特肯的叔叔杀死。考卓木加尔和他的弟弟把库勒米尔扎的尸体埋在深山里，不久，阿克萨特肯把库勒米尔扎的父亲库瓦特和乡亲们带到深山里，找到了尸体。随后，阿克萨特肯用匕首自尽殉情。乡亲们把他俩合葬在一起，不久坟上长出了两棵野杨树，坟前流出了两股清泉水。渐渐地两棵野杨树紧紧地缠绕在一起，两股泉水汇流成一条河。

柯尔克孜族的叙事诗有些是描绘人们同大自然以及妖魔鬼怪作斗争的。《艾尔托什吐克》就是属于这一类的叙事诗。相传，古代柯尔克孜族克普恰克部落有一个名叫艾列曼的财主，共有九个儿子，在外出放牧时，都一个个地失踪了。后来，他的小老婆又生一子，名叫托什吐克，生下个三四月就会说话和走路，很快成长为一个大力士，故被称为艾尔托什吐克，意即“托什吐克勇士”。艾尔托什吐克长到 9 岁时，骑着神马恰勒库依鲁克，去寻找他丢失的 9 个哥哥。一路上，他多次与身如高山、面孔蓝色的妖婆作斗争，终于找回了 9 个哥哥。妖婆强迫艾列曼杀死自己的儿子艾尔托什吐克。艾尔托什吐克觉察到了，就带着自己的救命磨石逃跑。妖婆施展魔术，使大地裂开一条缝，将艾尔托什吐克陷入地下。最终，艾尔托什吐克在4个人和老虎、神鹰、狗熊等朋友的帮助下，杀死了妖婆，返回地面，并且娶了美丽而又聪明的坎杰凯依为妻，和乡亲们一起过上了幸福的生活。

## 四、民间故事

柯尔克孜族的民间故事非常丰富，有人物故事、动物故事、寓言、笑话等。柯尔克孜人物故事中，又可以分为幻想故事和生活故事。幻想故事虽然以人物为主，但因为它是现实生活与奇妙的幻想相结合的传奇故事，在故事里，往往穿插出现各种仙人、妖魔和动物，这些故事有:《七头驼龙》、《智擒九头魔鬼》、《猎人与山鹰》、《忠诚的黑马驹》、《聪明的老人》、《阴险人不得好报》等，这些故事大都以美好的幻想，寄托人们的向往与追求。

《忠诚的黑马驹》是一个马驹报主的故事。故事讲的是善良的柯尔克孜姑娘毕开什，处处为他人做好事，而她的父亲却为贪婪的大灰狼所骗，将她嫁给了变成人形的大灰狼。在这危难关头，她的黑马驹挺身而出，利用计谋骗过了大灰狼，驮着她逃出了狼洞，并历尽艰险，来到了一片美丽的草原上，使善良的姑娘过上了自由幸福的生活。幻想故事《聪明的老人》，说的是一个老牧人利用智慧战胜了凶狠残暴的恶魔、为民除害的故事。在这个故事里，狡猾奸诈的狐狸、吃人的恶魔，在聪明的老人面前，个个都遭到了应有的报应。智慧战胜了愚蠢，正义战胜了邪恶。《聪明的儿媳妇》说的是一位老牧人为自己老实忠厚的儿子娶了一个聪明美貌的媳妇，儿媳妇心灵手巧，绘画、刺绣、缝花毡样样第一。她画的鸟会叫，绣的鹰会飞，是柯尔克孜草原上有名的巧媳妇。这件事很快就在草原上传开了，并传到了汗王的耳朵里。这位贪婪的汗王为了抢夺这个巧媳妇，将老牧人的儿子传进宫里，出了很多奇怪的问题，要老牧人的儿子限期解答，如果答不上，就要他

将妻子送进宫去。但这些问题并未难住聪慧的媳妇，被她巧施妙计，一一化解，最终战胜了这位贪婪而昏庸的汗王。

柯尔克孜族的动物故事很多，比如，《狐狸与鹌鹑的故事》、《四个朋友》、《五个阿吉》、《麻雀与毒蛇》、《两只小熊》、《狐狸和狼》等。这些动物故事都有很深的寓意，它们通过动物界内部的善与恶、诚实与虚伪的风趣斗争，教育人们要善良诚实，勤劳勇敢。这些动物以狮、虎、豹、狼、狐狸为一方，代表恶势力；羊、牛、马、兔小动物为一方，代表善良、弱小一方。通过这两大势力之间的斗争，教育人们弱小者要团结一致，才能战胜强大者。如《四个朋友》，就是讲黄羊、青蛙、乌鸦、老鼠四个弱小的小动物，团结一致，互相帮助，终于摆脱种种险境，战胜各种困难，得以在森林和草原上平安生存的故事。《麻雀与毒蛇》则是叙述麻雀如何用勇敢和智慧消灭吃掉自己子女的仇人毒蛇的故事。这些故事都给人以深刻的教育和启发。在柯尔克孜族民间，广为流传着一个《狐狸和狼》的故事：一只狐狸在草地上看见了一块肥嫩的羊尾巴油，它刚要去吞食时，突然发现羊尾巴油是夹在狼夹子上的，它吓得赶快退了回来，望着羊尾巴油和狼夹子发愁，吃吧，怕被狼夹子夹住；不吃吧，又叫人垂涎。当狐狸贪婪地看着羊尾巴油想主意时，碰巧一只饿狼走了过来，狐狸指着羊尾巴油说："亲爱的狼大哥，有一个朋友送来了一些羊尾巴油，我给你留了一块。"没等狐狸说完饿狼已向羊尾巴油扑去，一下被夹住了，羊尾巴油滚在一边。狐狸叼上羊尾巴油得意地走了。这个故事告诉人们不要听信那些伪善、狡猾人的甜言蜜语。

在柯尔克孜民间文学中，还有一部分寓言和笑话。寓言和笑话虽然在柯尔克孜整个民间文学中占的比例较小，但有一定的影响。特别是笑话，由于其风趣幽默的特点，深受广大群众的欢迎，也是他们日常生活中不可缺少的娱乐材料。柯尔克孜族的民间笑话大师很多，一般待客的宴会上，主人都要请来伶牙俐齿的笑话大师作陪，使宴会显得生动活泼。《阿凡提的故事》不仅在维吾尔、哈萨克、乌孜别克民族中流传，在柯尔克孜族民间也广为流传。这些故事大都风趣幽默，寓意深刻。在柯尔克孜民间，传说有一个青年笑话家叫阿勒达尔阔索，他以各种幽默诙谐的笑话给人们以欢乐，对社会上的恶势力和落后现象予以辛辣讽刺和无情鞭挞。

柯尔克孜族的谚语生动形象、精练深邃，比如，“金子不生锈，智慧不褪色”；“离开祖国的人，像离开花园的布谷鸟”；“山是柯尔克孜族人民的父亲，水是柯尔克孜族人民的母亲”；“常对你微笑的人，不全是你的朋友；常对你生气的人，不全是你的敌人”；“蚂蚁虽小，大象却怕”；“心胸宽阔的人，喝水也会胖”；“挖下深坑的是谁，掉下去的就是谁”；“要当山峰上的雪莲，不当温室里的牡丹”等。

## 第二节　蓬勃发展的当代柯尔克孜文学

说到柯尔克孜族当代文学的发展，离不开柯尔克孜语言文字的发展。柯尔克孜语属于阿尔泰语系突厥语族东匈语支克普恰克语组。绝大部分柯尔克孜族使用自己的语言，其中居住在阿克陶等县农业区与维吾尔族杂居的柯尔克孜居民，相当一部分通用或兼用维吾尔语；居住在北疆特克斯、昭苏等县的柯尔克孜居民大部分兼用哈萨克语；居住在额敏县一带的与哈萨克、蒙古族杂居的柯尔克孜居民，大部分通用或兼用哈萨克语、蒙古语；居住在黑龙江与汉、蒙古族杂居的柯尔克孜居民，通用汉语、蒙古语；居住在城镇、厂矿的柯尔克孜人，特别是青少年，通用汉语、汉文的人越来越多。

柯尔克孜语属于黏着语类型。它有 34 个音位，其中辅音音位 20 个，元音音位 14 个，其中短元音 8 个，长元音 6 个。长元音的存在，

是柯尔克孜语的一个特点。柯尔克孜语有自己独有的特点，一是在语言上保留了较多的古突厥语词汇与特征。二是柯尔克孜语外来语成分中，汉、蒙古、阿拉伯、波斯语借词占一定比例，同时还有不少俄语、英语借词。随着时代的变化，经济的发展，新名词越来越多。三是柯尔克孜语中关于畜牧业方面的词汇非常丰富。四是柯尔克孜语形容词表现力很强、很生动。

古柯尔克孜人文化的高度发达，表现之一就是文字。最早是使用岩画文。他们把生活中个别重大事件以及猎手们狩猎的情景都刻在岩石上。在柯尔克孜人生活过的叶尼塞河流域、阿尔泰山脉、塔拉斯河流域发现了大量的岩画文。至5世纪始，古柯尔克孜人使用卢纳文，因七河地卢纳文铭文多数见于塔拉斯河上游，故又名“塔拉斯文”，至10世纪都在使用该文字。该文字为字母文字，元音、辅音字母齐全，共有40个字母。从历史资料来看，柯尔克孜族比较普遍地使用了这种文字。

柯尔克孜族信仰伊斯兰教之后，开始采用阿拉伯字母拼写自己的语言，更确切地说是用“察合台文”拼写自己的语言。察合台文除包括阿拉伯字母外，还吸收了波斯文的4个字母。后来，由于察合台文不能全面、准确地反映柯尔克孜语，因而在使用过程中，对察合台文做了部分改革和整理。1911年，将其重新制定为符合柯尔克孜语音特点、书写方便的现代柯尔克孜文字母。1933年在乌恰县政府的档案中，政府的公文、学校写的报告，都是用该文字写的。1934年喀什成立“柯尔克孜协会”，就用新柯尔克孜文为学校编写发行教科书，新柯尔克孜文字由27个字母组成。现在使用的中国柯尔克孜族文字方案是1955年由克孜勒苏柯尔克孜自治州制定，由当时新疆省人民政府正式批准。该文字是根据现代柯尔克孜文学语言和语音特点制定的，由30个字母构成。20世纪60年代曾一度停止使用柯尔克孜文，1980年开始恢复。

相对民间文学，柯尔克孜族的书面文学还不够发达。新中国成立后，柯尔克孜族的书面文学得到了长足的发展，一批诗人和作家开始了自己的文学创作，谱写了柯尔克孜文学的新篇章。柯尔克孜文学在半个世纪的发展中，特别是改革开放后，进入了相对繁荣时期，涌现出了一大批作家，如阿不都卡德尔·托合塔诺夫、阿曼吐尔·巴依扎克、艾尼瓦尔·巴依吐尔、艾斯别克·奥罕、吐尔干拜·克力奇别克、萨坎·吾买尔、阿山巴依·玛特勒、加安巴依·阿萨那勒、曼拜特艾山·叶尔格、沃尔哈力恰·克德尔拜、朱玛卡德尔·加合甫、阿布都热合曼·司马义、阿曼吐尔·阿布都热苏鲁、吾守尔·曼别提、吐尔孙·米尔扎、祖农阿勒·别克铁木尔、夏衣德拉·沃托尔巴依、莫明·吐尔地、曼拜提·吐尔地、吐尔逊·朱马力等。这些作家在诗歌、小说、散文、评论等领域创作了一大批在国内外很有影响的作品。吐尔干拜·克力奇别克、阿尔曼诺娃、艾斯别克·奥罕、依布拉音·马木别提、阿地力·朱马吐尔地的《南行抒怀》、《苦寒的心》、《生命》、《生活的风浪》先后荣获全国第二、第三、第四、第五和第六届少数民族文学创作奖、新人新作奖、翻译奖。

近年来，广大作者创作了大量有关柯尔克孜族方面的诗歌、小说、散文、电影文学等文学作品。《新疆柯尔克孜文学》、《克孜勒苏文艺》、《克孜勒苏报》、《语言与翻译》（柯尔克孜文版）定期刊登柯尔克孜族作者的新作。克孜勒苏柯尔克孜文出版社、新疆人民出版社柯编部、新疆教育出版社柯编部、新疆科技卫生出版社柯编部也出版了柯尔克孜族作家的许多文学作品集。

## 第三节　妙舞欢歌颂人生

柯尔克孜族的民族音乐相当发达，音乐遗产极为丰富。额尔奇（歌手）、玛纳斯奇（专唱史诗《玛纳斯》的歌手）、奥翁奇（作曲家）、

考姆孜奇（演奏考姆孜琴的琴手）、撒孜奇（琴手）等民间艺人，是柯尔克孜族民族文化遗产的传播者、创造者和加工者。

民间乐曲，主要分为没有配词的演奏曲和配词的乐曲两种。在演奏时，歌手们往往在演奏前用讲故事的形式叙述乐曲内容，有时，在演奏过程中稍停下来，讲解乐曲的内容，然后继续演奏。这样，动人的故事和优美的乐曲融为一体，使人沉浸于音乐的海洋中。配曲主要是配有史诗、叙事诗、神话诗和民歌的乐曲。这种乐曲，随着歌词内容的变化而发生变化。例如，《玛纳斯》的配曲，演唱到英雄玛纳斯出生时，配曲曲调则类似摇篮曲；演唱到玛纳斯出征打仗时，配曲曲调则奔放豪迈；演唱到玛纳斯负伤死亡时，配曲曲调则十分哀怨悲伤。

演奏曲，分为大曲和小曲。大曲有《康巴尔汗》、《喀热则库依》、《胜格拉玛》、《勃托依》、《凯尔别孜》、《猎人库依》、《喀帕尔图》、《哲提库勒》（七个奴仆）、《加孜加依克》（美丽的草原）、《阿尔斯坦与布勒布勒》（狮子与布谷鸟）、《卓鲁阿依热克》（在岔路上）、《喀拉卓尔嘎》（黑骏马）等。小曲有《阔兀孜巴什》、《绰克奥依》、《赛凯特巴依》、《考姆祖木》、《勒托》、《喀拉阔孜》（黑眼珠）、《凯尔麦套》、《喀奇肯》（逃难者）等。大曲一般由几十个乐章组成，例如，柯尔克孜族著名艺人穆罕默德·吐鲁米什能演奏大曲《康巴尔汗》的 60 个乐章，《喀热则库依》的 30 个乐章。小曲的乐章则较少，如《喀奇肯》分为《幸福》、《恶魔的马蹄声》、《哥萨克军官的面孔》、《乱抓壮丁》、《离别情人》、《在战场上死亡》、《第一颗愤怒的子弹》、《暴行》、《永别家乡》、《途中雪灾》、《饿死的婴儿》、《前面的枪声》、《到处流浪》等乐章。

柯尔克孜族的音乐，还广泛利用声乐。声乐多由一个纯五度和四度构成。同时，也采用了三度音程结构的和音。有时，在修饰乐句中还可以遇到主调音轻快的四度音程和六度音程的和音。柯尔克孜族民间音乐的结构，还是以七级全音节的和声（自然的长调和七级低音节的短调）为基础的。例如，在和声中的许多列，是由三个长调或三个短调的四级音节构成的。这是柯尔克孜族音乐的主要特点。

吹奏乐器奥孜库姆孜　（塞力克摄）

目前在柯尔克孜族民间流传的乐器有库姆孜、奥孜库姆孜、克雅克、秋吾尔、唢呐、多兀勒（手鼓）、巴斯（铜钹）、邦达鲁等。

演奏库姆孜　（塞力克摄）

正如柯尔克孜族谚语说的："伴你生和死的，是一把库姆孜琴"。孩子出生时，人们要弹起库姆孜琴表示祝贺，新生儿听到的第一个声音，就是库姆孜琴声；老人逝去，人们要弹起库姆孜琴，唱起丧歌，以示哀悼。还有一些人在新生儿的头边放上一把库姆孜琴，祝愿他长大成为一名好琴手。从这里可以看出，柯尔克孜人将自己的喜、怒、哀、乐的全部感情，都寄托在库姆孜琴弦上。

库姆孜最早流传于叶尼塞河流域。随着民间的交往，逐渐传入其他民族、

地区以至国外。据记载，库姆孜早在汉以前就传入匈奴，汉元帝竟宁元年（公元前 33 年），王昭君远嫁匈奴时，将库姆孜带回长安。当时人们问其名称时，昭君回答说："浑不似。"在新疆吐鲁番发现了一张 9 世纪初的古画，画中有一个小孩，所弹的弦乐器即是"火不思"（库姆孜）的前身。到了唐代，柯尔克孜人将库姆孜作为贡品，献给唐王朝，唐王朝又将库姆孜作为大唐乐器转赠给日本。清乾隆平定回部叛乱之后，柯尔克孜人朝贡给清廷的礼品中，就有两种库姆孜：一种三弦库姆孜，长 63 厘米，琴首扁平；另一种四弦库姆孜，长 63.33 厘米（见《大清会典图》）。

**弹奏库姆孜** （塞力克摄）

库姆孜琴虽然随着柯尔克孜人的脚步流传于其他民族和国家，但在演奏、琴形和名称上，都有所改革和不同，究其根源，依然是柯尔克孜族的民族乐器。库姆孜源远流长，在长期流传过程中，不断得到发展和改革，到今天已发展成为全木质三弦琴或改革的四弦高音库姆孜。另外还有种“铁木尔库姆孜”，“铁木尔”系柯尔克孜语铁的意思，即铁质的三弦库姆孜。

只要有柯尔克孜人的地方，就有库姆孜的琴声。从古至今，没有库姆孜琴参加演奏的音乐会，不能称其为柯尔克孜音乐会；没有库姆孜琴演奏的婚礼，不能称其为柯尔克孜族婚礼。库姆孜伴随着柯尔克孜人的足迹，走过了漫长的岁月。从叶尼塞河到天山南北，从伊犁河谷到帕米尔高原，它经历了历史的变迁、大地的沧桑。它为柯尔克孜族的苦难哀诉，它为柯尔克孜人的解放自由疾呼，它为柯尔克孜人的当家做主欢歌。

库姆孜的演奏形式多样，妙趣横生。一般可分独奏、对奏、二重奏、合奏、弹唱、弹舞和伴奏多种演奏形式。独奏：一人弹奏，演奏者一般多为老年人，以柯尔克孜族古典乐曲为主。著名的古典库姆孜名曲《康巴尔汗》，可以用七十多种不同曲调弹奏。除古曲外，也可以弹一些新乐曲和即兴弹奏以抒发内心的激情，表现形式庄重、严肃。对奏：两人或多人分成两组弹奏，表演者多为青年男子。一般多以即兴弹奏为主，无一定的乐谱，似一问一答，一唱一和，有呼有应，时如两人对话，互诉衷情，时如两人口角，唇枪舌剑。二重奏：以高、低音库姆孜各为一组，密切配合，弹奏出如同男女声二重唱的音响效果。合奏：多把库姆孜同时演奏，除舞台演出外，一般多为盛大的节日、婚礼等喜庆活动，以增强热烈、隆重的气氛。弹唱：是库姆孜最主要的演奏形式。可以一人，也可多人边弹边唱。弹唱除舞台演出外，一般多在民间。既可以弹唱民歌、史诗、叙事诗，又可以即兴弹唱，乐谱和唱词都可以随时改变和创作。民间艺人额尔奇（民歌手）、玛纳斯奇、库姆孜奇皆是弹唱的能手。弹舞：边弹、边唱、边舞，是库姆

孜乐器演奏的一个特殊形式。表演者多为年轻男性，可一人，也可多人。库姆孜在他们手里，既是乐器，又是道具。弹舞形式活泼风趣，引人发笑，给人以美的享受和启迪。

一把库姆孜琴，在好的琴手手里，可以弹奏出各种各样优美动听的曲子。它既可以表现春种秋收的劳动生产场面，又可以表现千军万马大厮杀的战斗场面；既可以表现明月当空、微风轻拂的静夜，又可以表现万马奔驰、群畜沸腾的草原；既可以奏出雷鸣电闪、风雨交加、山洪倾泻的音响，又可以弹出高山流水、松鸣谷响、鸟鸣兽吼的声浪；既可以反映大自然神奇的奥秘，又可以反映人生感情的真谛。库姆孜的弹奏姿势也是根据年龄、性别不同而各异。老年琴手弹奏时正襟危坐，肃穆端庄；青年女子的弹奏姿式轻巧大方，婀娜多姿；青年男子的弹奏，不仅以热情奔放见长，而且千变万化，忽如蜻蜓点水，忽似金鸡独立，忽如雄鹰展翅，忽似雏燕凌空。特别是那活泼的二人弹或多人弹，急速变幻的旋律，快如闪电的动作，使人眼花缭乱，应接不暇，耳目一新。

柯尔克孜族有一种拉弦乐器克雅克，长约 60 厘米，琴身用整块松木凿成，琴腹蒙驼皮（多用小骆驼皮）为音箱，无琴品，用马尾丝为弦，故称克勒克雅克（克勒意思是生丝）。

柯尔克孜族有一种吹奏乐器奥孜库姆孜，这是少女们用嘴吹的一种口琴，又叫“口弦”。柯尔克孜族还用藜芦茎、骨头、鸟羽、木头、红铜等制作形式多种的吹奏乐器，如喀米什斯比孜格（藜芦茎笛）、吉戛其斯比孜格（木制笛）、索奥克吐图克（骨制箫）、喀纳特吐图克（鸟羽箫）、结孜吐图克（铜笛）、结孜凯尔乃或结孜苏尔乃（铜箫）等。吐图克很小，长 10～15 厘米。斯比孜格、苏尔乃和却奥尔较长，60～70 厘米，有三四个圆孔。凯尔乃最长，约 1 米，形状与苏尔乃相似。

奥孜库姆孜——口弦 （塞力克摄）

斯比孜格、吐图克和却奥尔一般演奏民歌和没有配词的演奏曲，多为年轻的牧工吹奏。有时，也用于大型演奏曲的复合演奏乐器。苏尔乃的音量较小，凯尔乃的音量最大。古代，凯尔乃与其他打击乐器合奏，多用于迎宾、集会、凯旋仪式、传递警报、战争动员、战时鼓舞士气、冲锋、庆祝战争胜利等场合。斯比孜格、吐图克也用以模仿鸟啭声、野生动物嗥叫、风声等，多用于战时隐蔽、传递消息、冲击等场面。

柯尔克孜族打击乐器有多兀勒（手鼓）、巴斯（铜钹）、邦达鲁（腰鼓）、当格拉（小手鼓）等。据史书记载，早在唐代前后，柯尔克孜人（黠戛斯人）“其乐器有鼓、笛、笙、篥、盘铃”等。英雄史诗《玛纳斯》也常提到以上打击乐器。可见，这些都是柯尔克孜族历史悠久、世代相传的民族乐器。

多兀勒巴斯，又称为多兀勒。古代，这种乐器多用枯心树干制作，

两面蒙上皮革或生兽皮，为便于携带，两边系有皮绳或木质把手，体积很大，往往放在套有几匹马或几头牛的战车上，旁边挂着战旗。据史诗《玛纳斯》所描绘，打仗冲锋时由4～10个勇士敲打“多兀勒”，以鼓舞士气。同时，多兀勒也常常与凯尔乃一起合奏，用于汗王登位、部落大会和其他礼俗仪式。现流传的这种乐器体积较小，多用于婚礼、节庆、迎客等场面，既作为伴奏乐器，也参与大型器乐合奏。

邦达鲁是一种木质（多为枯心树干）乐器，短圆柱形，两头略小，并蒙上兽皮或皮革。使用时，把它挂在腰间敲打。敲打时，使用手掌或阔鲁凯里台（包头小木棍）。古代，这种乐器多用于小部队出击。另外，还用于赛马、叼羊、摔跤、拔河、荡秋千、赛跑、马上拉力、跳舞等活动。

当格拉是用木板制作的乐器，弯成圆圈，一面蒙上皮革，形状类似维吾尔族的达甫（手鼓）。鼓帮上多系有铜片、铁片、铁链和红穗。另有一种撒皮提当格拉（有把手鼓），鼓帮上安有固定把手。古代，这种乐器多为萨满教的凯木（甘）或巴赫什（巫师）所用，现多为妇女在婚礼上或舞会上的一种乐器。鼓帮上刻有星辰、旋涡、山脉、花卉等。

巴斯是用两个圆形铜片制作的乐器。铜片中间突起成半球形，中间有孔，可以穿皮条或绸条，两片合起来拍打发声。古代，这种乐器往往与多兀勒合用，故两者合称为多兀勒巴斯，同时与库姆孜、克雅克等乐器伴奏舞曲时用。在其他各种喜庆仪式中，也用以烘托气氛。

值得骄傲的是柯尔克孜族民歌，反映了柯尔克孜人民多具有即兴创作诗歌的才能，民歌的创作与演唱在他们的日常生活中占有重要的地位。民歌根据其内容和演唱形式可分为劳动歌、习俗歌、情歌、哭歌、怨歌、反抗歌以及歌颂现实生活的新民歌等。民歌一般由七音节至八音节组成。押韵形式有多种，一般押脚韵，也有押头韵或腰韵的。

各种民歌还都伴有固定的曲调。

劳动歌描述劳动人民从事农业、牧业、手工业和狩猎生产的情况。劳动歌不仅表现出各种不同的生产劳动特点，而且有的还存在季节上的差别，即在不同季节演唱不同的劳动歌，如《割吧！我的铁镰刀》就是专门在庄稼成熟的秋季演唱的。

在柯尔克孜族劳动歌中，以反映畜牧业生产的劳动歌占很大比重。《守圈歌》、《牧马歌》、《放羊歌》、《放骆驼歌》等歌曲几乎流传于所有柯尔克孜部落。春季和夏季的晚上，年轻的妇女们守着羊圈，通宵达旦地演唱着《守圈歌》，有领唱，有对唱，有合唱。在柯尔克孜族人民生产与生活中，是离不开马、羊、牛、骆驼等牲畜的。他们非常喜爱这些牲畜，故而常常赞扬它们，歌颂它们。有时在歌词里把它们人格化、神圣化。

在柯尔克孜族中，习俗民歌几乎是家喻户晓的，主要有迎客歌、赞颂歌、贬抑歌、劝嫁歌、结婚歌、游戏歌、节日歌（拉玛赞歌、诺鲁孜歌）等。凡是来客，不论是远客近客，也不论是来自什么部落或民族，主人除宰羊设宴、盛情款待外，还要留客人住宿，并唱歌欢迎。

柯尔克孜族情歌内容丰富，形式多样，格调清新，特点突出。歌唱了男女青年对爱情的向往和赞美，歌唱了恋人外在和内在的美，歌唱了男女青年对美好、幸福、自由生活的向往与追求，以及他们对封建买卖婚姻的控诉与反抗。柯尔克孜族人民爽朗的性格和即兴赋诗的天才在情歌中得到了淋漓尽致的表现。对唱情歌尤为群众所喜爱，有盘问对唱、反问对唱、隐语对唱、赞美对唱等多种形式。

在亲人死亡、情人离别或遭遇其他不幸时，柯尔克孜族还唱哭歌。哭歌亦有多种，如遗嘱歌、死讯歌、怀念歌、离别歌。哀怨歌主要有《牧工的怨歌》、《羊倌的怨歌》、《穷人的怨歌》、《孤儿的怨歌》、《姑娘的怨歌》、《单身汉的怨歌》、《寡妇的怨歌》、《年轻妻子的怨歌》等。

柯尔克孜族的反抗歌主要用来揭露剥削阶级、外来侵略者的罪恶和歌颂人民群众的反抗斗争。到了近代，柯尔克孜人民遭到英、俄侵略者的侵略，所以在这一时期出现了许多反映柯尔克孜族人民反抗侵略者的反抗歌。

柯尔克孜族称舞蹈为比依。柯尔克孜族的舞蹈艺术，种类繁多，舞姿优美，是话白、舞蹈、音乐和诗歌融为一体的综合艺术。舞蹈内容多反映他们的牧业、农业、手工业、狩猎等生产和生活场面。其中，反映牧业生产和生活的舞蹈较为普遍。柯尔克孜族舞蹈有单人舞、双人舞、集体舞、男女对舞或合舞等多种，他们的习俗舞、生活舞、生产舞，除具有活泼剽悍、节奏性强的特点外，还十分贴近生活。柯尔克孜族舞蹈特点是节奏快，尤其是舞蹈进入高潮时，呈现热烈狂欢的气氛。伴奏的音乐也自始至终以欢快跳跃的旋律作为基调。在舞蹈节奏达到极点时，音乐突然中止，而当舞蹈快要结束时，伴奏乐器突然一齐轰鸣，在细而悠长的音乐声中结束，令人陶醉、欢快、激奋。

柯尔克孜族舞蹈的舞姿比较复杂且变化多样，有碎步、移步、蹉步、跺步、跳跃、腾空、转身、拉手、翻滚、上蹲、屈膝、两臂上举、手掌内外和上下快速抖动等，但基本形式以跳跃为主。艺术家们以柯尔克孜妇女充满艺术色彩的生活，创造了音乐、舞蹈、美术等艺术。缝花毡、擀毡子等动作，成了柯尔克孜族舞蹈的主要内容，除专门的《缝花毡舞》、《擀毡舞》外，几乎在表现柯尔克孜妇女生活的舞蹈中，都掺有缝花毡、绣花毡、擀毡的内容。柯尔克孜族的缝花毡舞，不但再现了柯尔克孜族妇女缝制花毡的全过程，而且塑造了柯尔克孜族妇女热爱劳动、热爱家乡、聪明智慧、心灵手巧的艺术形象。舞蹈以活泼有趣的动作，把柯尔克孜族妇女丰富的生产、生活以及新的精神面貌，表现得极其细致，极其真切。柯尔克孜族舞蹈中“挑肩”的动作，也不同于其他民族，是很有特色的。

柯尔克孜族舞蹈非常活泼，有的舞蹈动作很滑稽幽默。他们的舞蹈动作多弹指、跷脚、摇头、弄目。那“扬眉弄目踩花毡”的表演，滑稽得使观众捧腹大笑。柯尔克孜族舞蹈节奏明快、粗放，特别是那“左旋右旋不知疲”的快速地、长时间地旋转以及“跳身转毂宝带鸣”的大跳大转，伴着全身金属饰物的铿锵作响，真有山鸣谷应之声，龙腾虎跃之势，使人耳不暇顾，目不暇接。

柯尔克孜族舞蹈种类很多，有反映勇士生活的《剑器舞》、根据故事《父亲寻子》改编的《勃托姆舞》（勃托姆，原意为小骆驼，这里是对爱子的称呼）、赞颂骑士生活的《喀拉卓尔嘎》（黑骏马）舞、反映长途迁移生活的《冲阔奇》（大迁移）舞、《恩干吐耶》（双峰雄骆驼）舞、《喀冷喀尔》（大雪）舞等，这些都是柯尔克孜族的传统舞蹈。另外，还有取材于现实生产和生活的《劳动舞》、《挤奶舞》、《纺线舞》；反映习俗仪式的《加尔阔鲁秀》（会面舞）和《加尔·加尔》（劝嫁舞）等。柯尔克孜族的习俗舞蹈，多配有诗歌。

近年来柯尔克孜族舞蹈艺术，得到了很大提高和发展，出现了像克孜勒苏柯尔克孜自治州文工团的专业文艺团体，在中国少数民族文艺界中，享有一定声誉。

# 第六章

# 生命繁衍的主题——婚姻家庭

## 第一节　婚俗合卺

柯尔克孜人的婚姻实行一夫一妻制。古代柯尔克孜人亦有纳妾现象，新中国成立后一夫多妻的陋习已逐渐消失。柯尔克孜族一般实行族外婚，直系亲属五至七代内不能通婚，此外婚配范围不受限制，多姑表婚和姨表婚。

在古代，柯尔克孜族普遍流行买卖婚姻，这种买卖婚姻历史较久。《太平寰宇记·黠戛斯传》载，唐代柯尔克孜人“婚嫁纳羊马以为聘，富者或千百计”。到了近代，这种买卖婚姻依然盛行，从订婚到结婚，男方要陆续给女方很多牲畜，从一个托库孜（即九的意思，送的聘礼要由九匹大牲畜组成，即骆驼一峰、马四匹、牛四头，或价值相当的小畜和财物）到几个托库孜不等。富者聘礼更多，一些贫苦牧民拿不出相应的聘礼，就采取换亲或干脆进行抢亲。柯尔克孜族中还有招婿的婚姻制度。

柯尔克孜人的婚姻一般由父母包办，但也有自由选择的。古代柯尔克孜游牧部落与定居的农业部落相比，青年男女有较多的接触机会，特别是在各种大型集会中，青年男女相互缔结终身后，请求父母同意并正式请媒妁说媒、纳聘成亲者不少。在现代，青年男女自由恋爱，征得父母同意后缔结良缘的婚姻家庭则更多。但是在广大柯尔克孜牧区，较普遍的依然是父母包办的婚姻。其订婚形式有指腹婚、幼年订婚和成年订婚三种。

新中国成立前，柯尔克孜人结婚一般都比较早，女子 13 岁就可以结婚。由于婚姻关系是建立在金钱的基础上，因而十多岁的年轻姑娘屈嫁给五六十岁老头的不幸婚姻时有发生。

柯尔克孜族的婚礼，按伊斯兰教的教义举行，一经宗教人士阿訇念经，夫妻即算合法，一些地区的离婚案也由宗教人士裁决。新中国成立后，随着《婚姻法》的贯彻和实施，柯尔克孜族的婚姻均按《婚姻法》的规定以及新疆维吾尔自治区的有关补充规定执行，宗教干涉婚姻等旧俗已经废除。

柯尔克孜人的家庭和家族观念很重。过去它是整个民族、部落和氏族的基础。传统的柯尔克孜族家庭，是以一夫一妻制为核心组成的父系家长制家庭。柯尔克孜族的家庭，一般是祖孙三代或三代以下直系亲属组成的。家族一般是同出一源的七代直系和旁系亲属组成的。七代直系主要包括曾祖父、祖父、父亲、本家儿女、孙子、曾孙等。旁系包括曾祖父、祖父和父亲的兄弟姐妹，尤其是伯父、伯母、叔叔、叔母、姑母。柯尔克孜族直系和旁系亲属间的伦理等级和世系等第概念也是比较严格的。尤其是辈数较高的亲属（包括辈数较高的亲属的小孩）比起支系亲属具有较高的地位，这种等级和等第概念，尤其在请客、婚礼、丧礼或其他公共场合表现得十分突出。另外，柯尔克孜族母亲方面的亲属，如外祖父、外祖母、舅舅、表姐、舅嫂及其兄弟姐妹也属于亲属范围，但其血统关系则主要表现在婚俗方面。

柯尔克孜族男女老少，在家庭中有明确的分工。祖父和父亲主要

主持生产、分配、交换和对外关系，适当参加生产劳动，祖母和母亲是家务的主要主持人。男子从事放牧、耕地、收割、打柴、剪毛、接羔、打猎和其他繁重的体力劳动。男孩主要放羊羔、驯马。妇女除帮助男子接羔外，主要从事家务劳动，缝纫刺绣、擀毡、搓绳、挤奶和加工畜产品等。女儿一般从事缝纫、刺绣。媳妇做饭、夜里守圈和做其他家务劳动。在家务中，媳妇的负担较重。

柯尔克孜族的家规和家庭义务比较严格。父母对子女有命名、抚养、教育和料理婚嫁的义务；子女对父母有赡养、送终的义务和继承家产的权利。柯尔克孜族家庭，按过去习惯其成员必须无条件地服从家长，小的服从大的，女的服从男的。尤其是处理家庭经济和对外关系等问题上，家庭成员必须听从家长，不能违背家长意志，如果违背了，就是违反家规。同时，家庭成员必须维护和巩固家长权威，不得用任何形式的借口损坏家长威信。

在家庭中，兄弟姐妹有互助合作的义务。尤其是在生产或家务上都应该互相帮助，扶老携幼，而不能斤斤计较。如果兄弟姐妹分家后，有人在经济上发生困难时，其他兄弟姐妹有义务扶危济困。在这样的情况下，不能要求其兄弟还债或用其他借口索取财产。如果兄弟死去，其他兄弟有义务抚养他的子女，且不能以抚养、婚嫁等为借口剥夺或转让他们的财产，否则，就要受到社会舆论的谴责。柯尔克孜族不仅亲生父母的兄弟姐妹有互相合作和抚养义务，而且对联姻的亲属和养子也有同样的义务。

柯尔克孜族称婚礼习俗为库达撒勒特。柯尔克孜族的婚姻，实行一夫一妻制。过去，正室无子女者或一些富裕家庭根据伊斯兰教的习惯，也有一夫多妻的现象。另外，由于兄终弟及的习惯，也会发生一夫多妻的现象。这种现象与封建买卖婚姻制度有关，但并不很普遍。

柯尔克孜族实行外婚制。习惯上一般直系七代和旁系五代、亲属

柯尔克孜族的婚礼　（清泉摄）

之间不能通婚，与其他氏族、部落或其他民族的孩子同吃母奶长大的男女，也不能通婚。所以，柯尔克孜族订婚时，要非常细致地了解对方的情况。柯尔克孜族女性与其他民族，尤其是信仰不同宗教的男性也不通婚。但是，其他民族，尤其是异教的女性与柯尔克孜族男性可以通婚。丈夫死后，寡妇不能带走子女，也不能随意改变其子女的氏族、部落和民族成分。

过去，柯尔克孜族男女青年的订婚，一般由父母、氏族或部落头人包办，存在着浓厚的封建等级和门第观念，尤其是掌握世俗政权或玛纳甫、比依出身的大部落的女子不能嫁给贫困牧民或小部落的男子。柯尔克孜族男女结婚较早，女性一般12～15岁就可以结婚。如果女性超过15岁或者更大仍不结婚，就会受到社会舆论的谴责。根据习惯，哥哥和姐姐结婚以前，弟弟和妹妹不能结婚。总之，在结婚时，长者在前，幼者在后。目前，柯尔克孜族婚礼习俗已开始变化，尤其是早婚的习惯已随着《婚姻法》的实施而改变。

柯尔克孜族的定亲方式有指腹定亲、少年定亲和成年定亲三种，随着社会的发展和民族的进步，前两种定亲方式绝少采用。订婚仪式较隆重，一般在女方家举行。男方组织相亲团，牵上一只活羊，带上衣服、首饰等，特别要带一对耳环作为定亲信物。相亲的婆婆或姑姑、姨姨上前吻姑娘的前额，庄重地给戴上耳环，这意味着姑娘已是自己家里的人了。同时还要给姑娘梳“定亲头”，并把带去的金银首饰等以及衣服、鞋帽统统给姑娘穿戴上，在打扮时还唱“定亲歌”。在订婚宴时，相亲团把所带的礼品按亲疏和辈分送给姑娘家的亲戚，双方协商迎娶日期及其他有关事宜。按照柯尔克孜族人的习俗，女青年在举行订婚仪式之后即算待嫁闺中，再不能从事放牧、挤奶、守圈等抛头露面的劳动，在母亲的指导下，一心一意地赶绣嫁妆。

**柯尔克孜族婚礼客人分吃糖果**　（清泉摄）

订婚后双方不能随意悔婚，订婚一年后就会举行婚礼。婚礼先在女方家举行。母亲为女儿梳最后一次头，边梳边唱《哭嫁歌》。发型的改变，标志着天真灿烂的姑娘时代已经结束，进入人生新阶段。此时，女性亲属纷纷向新娘祝贺，祝贺她新生活的开始。新娘的姐姐一边说着开心话，一边收拾嫁妆唱起《劝嫁歌》。新娘盘腿低头坐在炕上，等待男方迎亲。迎亲队伍来后，新娘的姐姐和嫂子要挡在门口，接纳送来的礼品。新郎和伴郎则留在村前，暂不进村。稍后，要举行抛喜糖仪式。此仪式因不同地区而稍有差异。一种是从屋内挑开毡房天窗盖之后，由迎亲的长者将糖果、干果、奶疙瘩、沙枣、油炸果等一把把从天窗向四周抛撒，人们在毡房外争抢。另一种是将喜糖包在白纱布之中，用彩色毛线绳从天窗吊出，人们争着用手去接，接到手后再向人群抛撒。还有一种是新郎到新娘家门前时，新娘的嫂子或一名年轻妇女向前来的客人撒各种干果、油炸果、酸奶疙瘩、水果糖等。

与此同时，新娘的嫂子和年轻媳妇带着礼物到村外请新郎，她们首先在草地上铺开餐布，请新郎和伴郎吃饭，然后给新郎穿上礼服，请他回村。新郎和伴郎走进房门，与新娘和伴娘互相鞠躬，赠送见面礼。

第二天，新郎和新娘来到村长老及阿訇面前，举行尼卡仪式。由阿訇念经证婚，让新郎、新娘吃泡了盐水的馕或油疙瘩，表示双方终生将同甘共苦。仪式结束后，一般要举行丰富多彩的娱乐活动，如叼羊、赛马、马上角力等活动。新郎当天留宿女方家，与新娘成亲。第三天，宾客和乡邻再次来贺喜，并送新娘出阁。新娘由伴娘陪伴走出毡房后，新娘的母亲要拉着手唱《送嫁歌》，送新娘上马。在迎亲路上，每经过一个牧村，都有人拉着绳子拦路，迎亲的长者从马上扔下喜糖才能放行。有人端着马奶酒和酸奶招待新郎、新娘，并向新人祝福。还有人在路上点起火堆，请新娘、新郎从火堆上跳过，以祝平安和幸福。新娘到了新郎家后，要踩着门前的花毡子进入新房。男家设宴招待客人，宴后牧村里还要举行赛马、叼羊等活动，一直进行到下

午。午宴后举行揭盖头仪式，结束后新郎、新娘要双双向二老鞠躬请安，新娘要吻婆婆的手，以示亲热孝敬，婆婆要吻媳妇的前额以示喜欢怜爱，这时婆婆还要领新娘到厨房，绕着炉灶转三圈，并交给新娘两块熟羊尾巴油，一块新娘吞食，一块扔进炉灶之中，预祝今后生活富裕，锅内常有肥嫩的羊肉。新娘拜见所有亲戚之后，新娘的嫂子向新娘敬酒，新娘也向嫂子回敬酒。妯娌之间敬酒祝福之后，大人小孩同唱《祝婚歌》。婚礼之夜，新郎、新娘还要跳会面舞，直到深夜。

## 第二节 族谱与家谱

根据柯尔克孜族的习惯，男子年满 7 周岁以后，都要会背祖宗七代家谱。柯尔克孜族的谱系有族谱、部落和氏族系谱、亲属谱和家谱。传授谱系者称作“舍吉勒奇”或“散吉拉奇”，他们大多是家庭长老。

散吉拉一词来源于波斯语，意思是一棵树，形象地表示部落系谱。散吉拉是有些东方的游牧民族关于部落历史的口头史料，是在原始时代的父系社会所产生的，先人创造文字以后就失去意义，被年表和史书所代替。但是，散吉拉在吉尔吉斯人那里还是保持着原来的意义，当失去文字后保留了很长一段时间甚至流传到现在。可以说，散吉拉是柯尔克孜族历史命运的见证。在 2000 多年战争不断的历史岁月中，柯尔克孜人有几次险些灭亡，可汗、英雄们先后被杀害，财产被掠夺，人们四处逃亡。能够幸免于难的柯尔克孜人的最大的责任就是把所经历的事件和部落历史传统完整地保留下来，并把它用口头方式传授给后代。就因为有了这种需要产生了关于某一个可汗或英雄的传说（如英雄史诗《玛纳斯》、《库尔曼别克》等）和某一个部落的传奇历险故事。这些传说和故事逐渐演变成了散吉拉作品。在没有文字的状态下，柯尔克孜人认为：每个柯尔克孜人都应铭记祖宗 7 代的名字及其功绩。

散吉拉史料与汉文史书中的《本纪》有些相似，因为散吉拉史料一般按年代编排重要史实，列在前面的是可汗和部落首领的历史活动，然后是部落的按血缘关系划分、部落分布情况和风俗习惯等。散吉拉在柯尔克孜人过着游牧生活时期得到了很好的发展，随着半游牧和定居时期的到来，散吉拉的“市场”开始缩小，从事散吉拉传诵的专职人员也在不断减少。这一情况的发生与柯尔克孜人定居以后部落概念的减弱和地域概念的加强有着直接的关系。

进入 19 世纪以后，柯尔克孜人的散吉拉史料在继续口头流传的同时开始出现几种书面变体，也就是说，有人开始把散吉拉史料记录下来。吉尔吉斯斯坦和中国新疆柯尔克孜族地区散吉拉奇很多。在这里我们不能把散吉拉奇简单理解为“一个部落系谱传诵人”，很多情况下这些散吉拉奇担负着传承历史文明，为后人传诵先人的各种历史信息的使命。根据史料记载，柯尔克孜可汗身边总是有一个为他讲述祖宗传奇功绩的，并为他出谋划策的散吉拉奇。

柯尔克孜系谱带有浓厚的封建宗法观念，它对本族尊老敬祖，分清辈数，严格避免近亲通婚等方面，带有习惯法性质。柯尔克孜族的族谱和部落氏族系谱主要包括民族、部落、氏族和祖先的源流、名称、支脉、业绩、典章、封号、敕书、迁居等方面的内容。家谱一般都是依次论辈地叙述从七代祖宗到本家长老的名字以及旁系亲属。柯尔克孜族过去建立家谱，目的主要是为了巩固家族内部血缘关系，维护封建统治。

柯尔克孜族的系谱，有叙述式和押韵式两种。叙述式系谱以通俗故事形式叙述人类起源、分布、柯尔克孜族最早的祖先氏族、部落的形成、分支以及有关氏族、部落名称的传说故事。根据系谱，柯尔克孜是人类第一个祖先阿依阿塔和阿依瓦第 12 代后裔的名字。据说，阿衣阿塔和阿依瓦结婚后，生了突尔克（突厥）。突尔克有 9 个儿子，他去世后，由其长子突台克继位。后来他的后裔艾利切汗、杰拜盖汗

（迪卜巴凯汗）、贵由克汗、艾林杰汗、蒙兀儿汗、喀拉汗、乌古斯汗、裕勒都思汗、柯尔克孜汗等相继继位。根据此族谱，柯尔克孜是乌古斯汗的孙子。押韵式系谱，主要以诗歌形式叙述部落、氏族分支的名称及其传说，对本族尊老敬祖、分清辈分、严格避免近亲通婚等方面起了一定作用，带有习惯法性质。

## 第三节　遗产继承与分家

柯尔克孜族也和其他民族一样，亲属之间存在人们认同的准则。财产分配和继承制度是柯尔克孜族亲属制度中遵循的准则之一。

父母在世时，把牲畜分给家庭中的所有男子，称安奇。如果没有牲畜，可用其他有纪念意义的物品代替安奇。安奇一般不经本人同意，不得转让、出卖或宰杀。父母在世时分得财产并另立门户的儿子和出嫁的女儿，在分配遗产时不再有继承权。根据柯尔克孜族财产继承制，老人临终前，对财产继承要留下遗嘱，遗产由儿子继承，如几个儿子尚未分家，大部分遗产由幼子继承，其余部分按年龄分配，年幼的比年长的优厚。养子和随嫁子女，与亲生子女一样有继承权。

在分配遗产时，妻子和女儿也可以分得少量的财产。无儿子的家庭中，女儿继承权与儿子相同，出嫁以后，可以带走分得的遗产。根据柯尔克孜族的习惯，不能以任何借口剥夺她们的继承权，否则就会受到社会舆论的谴责。绝嗣者按血缘关系的亲疏和远近决定。首先是绝嗣者的兄弟，然后是兄弟的子女，最后才是七世旁系之内进行分配。在习惯上，绝嗣者妻子的兄弟也可以得到少量遗产，其他联姻亲属则没有继承权。总之，绝嗣者的遗产过去不能由本氏族或本部落范围以外的人来继承。

柯尔克孜族在儿子成婚之后要按照辈次分家。分家时，也要举行隆重的仪式。父母给要分家的儿子准备一套家具齐全的毡房和其他礼物。分家仪式，一般要举行 2～3 天。第一天的分家仪式在父母家举行。第二天和第三天的仪式，主要在新家举行。第二天一般邀请近亲和老人，传授创业经验，称阿克勒托依（取经仪式）。第三天的来宾主要是朋友和年轻男女，来宾多赠送鞭子、家具、餐具、被褥、生产工

柯尔克孜族人在牧场剪羊毛　（赖祖铭摄）

具和其他用具，主人也以各种物品还礼。分家以后，父母一般不再负责其子的经济生活，也不干涉其家务。只有当儿子倾家荡产或遭到其他意外时，父母才给予帮助。如儿子死去，也有义务抚养其家属。分家以后，儿子要赡养父母。生产繁忙季节，要帮助父母收割、接羔、剪毛和分担其他重劳动。总之，柯尔克孜人分家以后，与父母仍发生伦理和经济上的密切联系。

现在，柯尔克孜族的财产继承已基本上参照《继承法》的规定处理。

# 第七章

# 注重传统道德礼仪规范

## 第一节　礼仪风尚与禁忌

柯尔克孜人注重传统道德规范和礼仪风尚，崇尚热情好客、团结和睦、尊老爱幼、诚实守信的社会道德风尚，柯尔克孜人从小培养道德规范，人人都自觉遵循，如有背逆，就会遭到舆论的谴责。

柯尔克孜人热情好客，即使陌生人到草原上，进了柯尔克人毡房，都会以礼相待，供给食宿。在牧村里，任何一家的客人都是全村的客人，全牧村的人都要轮流相请，客人如受邀不至，主人会很生气，以为是看不起主人。柯尔克孜人待客热情大方，一般都要以家中上好的饮食招待，大多数人家待客要宰羊，杀马驹和驼羔待客则是最高的礼遇。对于远道而来的客人，主人要请很多当地年高有德的人以及库姆孜奇、笑话大师作陪。有的牧村中还常为客人举行各种体育、游戏活动。晚上牧村中争留客人住宿，客人睡下后，主人要给客人盖被子。

尊老爱幼是柯尔克孜人传统的社会风尚。年轻人见了老人，总是毕恭毕敬地行礼问候。骑马路遇老人，要下马行礼向老人问候，并请老人先行，待老人走过后才可上马而行。年轻人不能在老人面前大声喧哗，老人就座时，年轻人不能从面前跑过。几人行走时，要请老人前行，进门时要请老人先进。吃饭时要请老人坐入尊位，并请老人先食。牧村中遇到民事纠纷，一般要请老人调解。在柯尔克孜牧区，老人的地位甚至比宗教职业人士还高，更受人尊重。在家庭中，老人是一家之长，全家人都须服从，晚辈对长辈至孝，无遗弃、虐待老人的现象。无弃婴之习，孤儿也多有人收养，因而很难找到乞丐。在社会上，小孩受到爱护和照顾。

柯尔克孜人讲团结互助，在家庭内，不仅父子、母女、夫妻、兄弟、姐妹之间团结和睦、互敬互爱，妯娌姑嫂之间也和睦相处，亲密无间。同一个部落或氏族，尤其是同一个阿寅勒内的牧民，关系相当融洽，生产生活上互助之风甚浓。特别是妇女之间更亲密，她们擀毡、织毯等家庭劳动大都是互相协作进行。逢年过节全村人还要共同进餐，像一家人一样。

柯尔克孜人从小就接受诚实守信的教育。古代柯尔克孜人的地方法律就规定了说谎和行窃一样要严惩，因而在柯尔克孜地区很少发生盗窃欺诈之事。柯尔克孜人不以欺诈取利，注重信誉，答应的事一定照办，不会出尔反尔。

柯尔克孜人生活中有许多禁忌。聚坐时要盘腿而坐，或者跪坐在脚上，忌将脚露在外面和伸在面前。特别是做客吃饭时，忌将脚伸在外面和触在餐布上。柯尔克孜人进餐前必须洗手，洗手时不能甩手上的水，要用手巾擦干。进餐时不能用手乱摸和用鼻子嗅餐布上的食品，吃馕时不能拿着一个整馕咬，要掰成小块往嘴里放。吃饭时要细嚼慢咽，不能狼吞虎咽，大咬大嚼，更不能发出大的声响。进食时不能大声喧哗，更不能张口大笑。禁忌抛洒食品，掉下的食品碎屑要放在餐布上。几个人在一起吃饭时，不能动别人的碗勺，几人同吃一盘抓饭、手抓肉时，只能吃自己面前的。不能甩扔、踩踏食物，不能踩踏食盐，

不能在倒食物的垃圾堆上大小便。不能在河道、水井、水塘内大小便、洗衣服或倒入脏物，不能用禁食动物比喻人和物或在吃饭时谈论禁食动物。不能用棍打水。不能坐在装有食物的箱子、麻袋和做饭用具上。不准踩踏和跳过餐布、做饭用具，也不能甩扔做饭用具或把食物、餐具放在人行过道。不能在炉灶、野外生活的地方或炉灰上吐痰和大小便。

怀孕的妇女有种种禁忌。如怀孕后的三四个月内，不能把怀孕的事告诉婆婆家和娘家的长辈；怀孕五六个月后，孕妇不能在男女长辈面前走过，若偶然相遇必须转过身子进行回避；不能挺着肚子走进婆家长辈卧室，即使住在同一毡房，见了长辈也要转过身去，不能同丈夫同床共枕。在孩子出生之前，家中任何人不能议论孕妇怀的是男是女，孕妇更要守口如瓶。分娩时，包括丈夫在内的任何男人不能进入产房，只能在门外等候。

柯尔克孜人禁跨花绳。因古代柯尔克孜人视狼为图腾，而狼是不跨越花绳的，这一禁忌保留至今，成为一种习俗。忌坐毛绳是由柯尔克孜人的动物崇拜衍化而来，他们认为毛绳是由牲畜的绒毛搓成，因而应予尊崇，坐毛绳是对牲畜的亵渎，招致被毛绳捆绑或其他灾祸。

古代柯尔克孜人认为，傍晚是妖魔鬼怪频繁活动的时刻，人类必须格外警惕，特别不能在这个时刻睡觉，否则会妖魔缠身，招致疾病等灾祸。柯尔克孜人禁忌当着父母或其他长辈的面赞美主人家的孩子，特别不要用“胖”、“美”之类的词句，认为这样会影响孩子的健康成长。柯尔克孜人还忌向月亮和星星诉苦，否则会招致灾祸。另外，他们还禁忌晚上向外拿白色东西。因为他们认为白色象征富足、吉祥和幸福。晚上向外拿白色东西，就是拿走财富、吉祥和幸福。在柯尔克孜人的意识中，黄色是悲痛的象征，是不吉利的颜色。因此，在宰牲祭祀时，一般都是黄色牲畜，这样，祭祈者的痛苦就会随羊脖子里喷出的血一起流走。

柯尔克孜人在丧葬方面有很多禁忌。人死后必须尽快下葬，出殡时只许男子送葬，女子不允许去。在哀悼死者的日子里，死者的亲属不能喝酒。长辈死后，亲属40天内不理发，不刮胡子，一年内不喝酒。死者的亲属只能穿黑衣服，禁止穿花衣服和红衣服。家中来了客人只能唱丧歌，禁止娱乐活动，死者子女一年内不能结婚。

柯尔克孜人单日不搬家、不出远门，星期五更忌如此。如果非搬不可，要向河流的上游方向搬。

社会交往中，待人接物忌无礼貌。尤其是对长者要十分尊重，走路要让长者先行，交谈要让长者先说，而且不能中间打断。与老人交谈时，年轻人的声音要比长者低，妇女的声音要比男人低。说话时，不能直眼看长者，或者坐着向站着的长者说话。如果要坐下，要让长者先坐在上座。睡觉时严禁头东脚西或脚朝人头。年轻人不能从长者面前走过，妇女不能在男人（亲生儿子和婚嫁后出生的男子除外）面前走过。年轻人不能直呼长辈的名字，尤其是妇女婚嫁后不能直呼丈夫、长辈和婚嫁前出生子女的名字。接待客人时，要跑步去扶他上下马，年轻人要先为客人打开门帘。不能在客人面前与家人长谈家事，不能把客人单独留在一间房内使之寂寞。饭前饭后或在进门时要主动给客人倒水洗手。睡觉时，给客人铺床、收床，不能让客人自己动手。接受礼物要低头双手接物，不得顺手甩扔，在屋内外交谈时，禁止吐痰、擦鼻涕、打哈欠等。

柯尔克孜人忌讳在主人面前点牲畜头数。接羔时忌说不吉利的话。放牧时不能打骂牲畜，更不能用禁食动物的名字骂可食动物。不能把禁食动物和可食动物拴在一起或在一个圈内喂养，不能在畜圈内大小便。

柯尔克孜族十分忌讳背后议论别人的短处及撒谎、诅咒、欺骗，

禁忌偷窃、吸毒、赌博等，若有发现将受到严厉惩罚。柯尔克孜族非常忌讳自杀。认为这有损于本族的尊严和荣誉。对自杀者不能举行哀悼、丧礼和祭奠仪式。自杀者的子女，在社会上也得不到应有的地位。

现今，随着科学文化水平的不断提高，许多繁杂仪式和旧习在不断改变，逐步树立起新的风气。

## 第二节　传统节庆

### 一、诺鲁孜节

诺鲁孜节是柯尔克孜族最古老的传统节日，节日仪式一般在每年春分时节，即阔祖吉利迪孜（白羊星）第一次在天空正东方出现的第二天举行。因为这一天是柯尔克孜族传统的“巴什阿依历”元月初一，相当于公历 3 月 22 日。根据柯尔克孜族古代民间天文观念，白羊星是

诺鲁孜节　（塞力克摄）

造福于人类的“腾格利”（神）之一。而双鱼星则是人畜疾病和其他自然灾害的根源。所以，柯尔克孜人往往挑选正好双鱼星降落，白羊星升起的时间举行诺鲁孜节，意在驱赶妖鬼和病源，迎接平安和丰收。

诺鲁孜节仪式这一天，男女老少都穿上节日的民族服装，举行各种活动。每家的家长首先起床，在房屋正中燃烧圆柏树枝，唱着《阿拉斯歌》，将冒烟的树枝（阿拉斯）在家人头上转圈，预祝家人在新年中平安快乐。然后，把阿拉斯带到畜圈门口让牲畜在烟下通过，祈求在新的一年中，牲畜膘肥体壮，迅速繁殖。吃过早饭后，家家在门前用芨芨草生一堆火，让全家男女老少和牲畜从火上跳过，也要求拜年者跳火进门，以示“去邪”。据传，在一二百年前，柯尔克孜人每逢诺鲁孜节，还用猎枪射日，意为驱赶立宫于太阳的鬼怪，让太阳发出更加灿烂的光芒。

诺鲁孜节包含着许多积极意义。

第一种意义是劳动。在诺鲁孜节的前一天，妇女们要打扫房子，老人和孩子要穿上新衣服。诺鲁孜节的早上，男人们则要来到泉水边，将泉水周围的杂草、垃圾等废物收拾干净，将泉水的边沿整理平整、加固。没有泉水的地方，男人就要疏通水渠，将里面阻挡水流前进的物品全部清理出来。这些工作做完后，就要带上树苗去种树。在河边、水渠边、房前屋后都要种上树木。与此同时，妇女们开始准备“阔缺饭”了，先在大锅里放水、盐、肉、大米、小米一起煮，在快煮熟时，放进面和奶疙瘩。为什么要选用这 7 种原料呢？因为“7”这个数字是吉数，代表希望生活富裕。在做“阔缺饭”的时候，用的锅有四个锅耳，要在四个锅耳朵上放四块绵羊油。这样做是为了祈祷新的一年牲畜肥壮，这样锅里才会常常有肉吃。

关于“阔缺饭”的来历，柯尔克孜族中流传着这样的传说：在遥远的古代，连续 7 年发生特大罕见的自然灾害，每年冬天河流封冻，

**阔缺饭**　（塞力克摄）

天气寒冷，人畜无法找到食料。每年夏季天气炎热，草木枯黄，人畜死亡很多。从汗王到百姓都为此苦恼，到怪树怪崖处祈祷天神挽救。第七年，每家仅剩下最后一点点的麦面和干羊肉块以及其他食物。所以，在一个双鱼星季节，家家都把家里剩余食物倒进锅里，做成稠粥，一边吃饭，一边祈祷天神消灾克难。白羊星季节来到后，天气突然晴朗、阳光明媚、草木萌发、羊羔跳跃，人们认为这是吉祥的预兆。到了夏季果然草木丰茂，牛羊膘肥体壮，牧民们认为这是他们吃“阔缺饭”向天祈祷的结果。所以，汗王命令在每年第一次见到白羊星时，都要过节吃“阔缺饭”，以预祝人畜兴旺，平安无事。从此，诺鲁孜节吃“阔缺饭”就成为柯尔克孜族的习惯。

第二种意义是团结和谐。在这一天里，所有人一起吃“阔缺饭”，代表和谐、平等、善意，要将所有的仇恨抛弃，将过去一年的不顺心都扔掉，新的一年里要团结和谐。

第三种意义是互相帮助。大家在一起有钱的出钱，有物的出物，给生活贫困的人送些钱和衣服之类的生活物品，让大家一起在新的一年都过上幸福的生活。

第四种意义是辞旧迎新。过去的一年所有的旧东西都要扔掉，新的一年要有新的面貌出现。老人会教导年轻人说："你过去做了一些坏事，新的一年要向善，要做一个好人。"

目前，诺鲁孜节在仪式和内容上有很大变化。过节时，不只是吃"阔缺饭"向天神祈祷了。如今宰羊杀牛，节日变得更加欢乐。柯尔克孜人成群结队相互拜年，庆祝新年，而且在草滩平地，举行多种游戏。日落以后，男女老少分别举行文艺晚会，夜幕笼罩下的茫茫草原变成了欢乐世界。柯尔克孜族的诺鲁孜节往往举行 3～15 天，前一个星期是男人拜年，妇女看家，后一个星期是妇女拜年，男人看家。

## 二、肉孜节

肉孜节即"开斋节"。"肉孜"一词系波斯语，意为斋戒。伊斯兰教规定，每个成年人都要在伊斯兰历的 9 月封斋，满一个月后即可开斋，开斋这一天要举行庆祝活动，人们穿上盛装，互相拜访，请客吃饭，互赠礼品，一连过 3 天。

## 三、古尔邦节

古尔邦节大约在每年回历十二月十日，也就是肉孜节过后 70 天。"库尔班"为阿拉伯语"宰牲"之意，即宰牲以谢真主。这天日出时，成年男子要到礼拜寺或阿寅勒的草坪上做乃玛孜，之后宰羊，并准备丰盛的食品。节日期间，人们身穿新衣，成群结队，互相庆祝。按照柯尔克孜族的习惯，这一天，小伙子路遇姑娘时可挡住去路，请其唱歌、跳舞，一直到姑娘答应了要求或赠送手帕或其他礼物才放行，此

举为节日增添了乐趣。老年人聚在一起，谈古论今，讲故事，说笑话，举行库姆孜弹唱，尽情欢乐。年轻人一般在草地上举行叼羊、赛马、摔跤、角力、马技表演等竞技活动。姑娘和年轻媳妇们也聚在一起，举行跳舞、唱歌、猜谜语、荡秋千、丢手帕等游戏。夜晚，举行全阿寅勒的大会餐，举行节日娱乐活动，整个节日都沉浸在欢乐之中。

## 四、掉罗勃左节

每年 3 月 7～9 日的掉罗勃左节是柯尔克孜族一个非常古老的节日。这个节日主要是为纪念一位名叫掉罗勃左的柯尔克孜英雄。据说在很早以前，有位名叫掉罗勃左的柯尔克孜族英雄，因不堪忍受外族的欺侮，带领 40 位柯尔克孜族英雄勇士，与统治者展开了英勇斗争。在一次交战中，掉罗勃左孤身陷入敌军重围，虽英勇搏斗突出了重围，但他的坐骑已身负重伤。它驮着主人脱离险境，来到一片茫茫戈壁后，因流血过多而死去。掉罗勃左为了悼念心爱的战马，他拔下一撮马尾，做了一支柯亚克琴，傍马而坐，拉起了对战马的思念与哀悼的乐曲。这悲壮的琴声，随风传到了掉罗勃左的亲密战友们的身边，人们从四面八方来到英雄身边，为英雄掉罗勃左的平安脱险而欢呼，并举行盛大庆祝活动。以后每年都举行这样的集会活动。随着时间的推移，这一活动就变成了柯尔克孜人互祝幸福与健康的节日。

## 五、谢尔乃节

谢尔乃节又叫西依耐、依里特衣希，这个节日的来历与柯尔克孜人的斗争史有关。据说，古代柯尔克孜部落经常遭到北方部落的侵略和掠夺，后来有一位英雄的柯尔克孜头人联合柯尔克孜各部及邻近其他受侵略遭压迫的民族和部落，共同抗击北方侵略者。他们团结一致，英勇斗争，终于赶走了侵略者，获得了自由。为纪念这一战斗的胜利，柯尔克孜人就在每一年的这天举行庆祝活动，这就形成了今天的谢尔乃节。

节日那天，在柯尔克孜阿寅勒里，牧民们在一块平坦的绿茵茵的草地上摆上数十米长的餐布，全牧村的人不分老幼，围着餐布而坐，共进食物，共饮马奶酒。在酒足饭饱之后，年过花甲的老牧民，首先向牧民们祝福，祝阿寅勒的人生活美满，人丁兴旺，粮畜丰收。然后，抱起库姆孜琴，弹唱一段柯尔克孜人民联合其他民族共同抗敌的壮烈事迹，接着让一位出露锋芒的青年歌手弹唱一首歌颂幸福生活的民歌，然后便由依尔奇（民歌手）唱一段柯尔克孜英雄史诗《玛纳斯》的片段。

## 六、克米孜木润杜克节

“克米孜木润杜克节”，意为“马奶节”，每年夏季“盖再克星”（双子星）在天空正西方第一次出现的第二天举行。这一天是柯尔克孜族传统阳历三月初一，相当于汉族农历小满节气和公历 5 月 22 日。由于柯尔克孜族每年从这天开始生产和食用马奶，所以，他们要举行庆祝活动。节日前，柯尔克孜人准备足够的马奶子和其他奶制品和肉类食物。家里男女老少都穿上节日服装来到拴马处，由家长抓住马鬃祈祷，年老妇女挤马奶，把一小木碗初奶喂马驹，又将一勺初奶喂给家里年龄最小者喝，以祝马驹茁壮成长，子女健康幸福。然后，宰羊煮肉接待拜年者。克米孜木润杜克节一般举行 3 天左右。此后，便进入牧业产品加工和农业生产的紧张劳动。

## 七、阿克托依

阿克托依意为白月庆，这是秋收节日。这个节日在孙布勒克星（室女星或小女星）在天空正南方出现的第二天举行，即柯尔克孜族传

统的阳历六月初一，相当于汉族农历处暑节气和公历 8 月 22 日。此时节夏牧场天气开始变冷，草木变黄，草滩露出白色地皮，故称这个节日为阿克托依节。阿克托依节的仪式比较隆重。全家在家长的带领下念经祈祷，摆席喝奶油茶，祝全年生活安宁，丰衣足食。然后，点牲畜头数，在幼畜耳朵上打记号（“塔木戛”），分“安奇”（分给子女一定数量牲畜），分“天课”（牧业税）等。日出更以后宰羊杀马，以备招待拜年者。午时更，人们相互拜年和举行其他娱乐活动。阿克托依节一般持续到柯尔克孜族传统阳历六月十五日（即公历 9 月 8 日左右）。然后，牧民开始从夏牧场转移到秋牧场，并贮存饲草和做过冬的准备工作。

**身穿节日盛装的妇女**　（塞力克摄）

## 八、喀尔戛托依节

喀尔戛托依节在柯尔克孜语意为乌鸦宴。这个节日只限于柯尔克孜族妇女，在每年传统阳历五月初一（公历 7 月 22 日）举行。仪式举行一天，男性不能（包括 7 岁以上的男孩儿）参加。过去仪式以氏族为单位举行，由一位德高望重的女人主持。仪式上严禁饮用酒类和其他麻醉品。节日非常隆重，妇女们为此准备数十日，除了准备各种食物外，在仪式上都穿新衣裳。仪式开始后，主持人首先让每一位妇女喝一碗奶子，以示妇女要忠诚、清白、勤劳。然后举行唱歌、跳舞、讲故事等多种娱乐活动。在这一天，男人要给他们宰羊和准备其他食物，但不能进屋。相传，古时候柯尔克孜族遭到外族侵略，当时，有位百岁老妇，为抗击敌人，提议全体男人（包括男孩）赶着牲畜到深山密林中去，妇女留在家里跳舞、唱歌，以便牵制敌人，男人趁机消灭敌人。当敌军来到牧村时，只见一群狂欢的妇女，她们优美的舞蹈和歌声使敌军完全陶醉，忘乎所以。这时男人们突然袭击，敌人被全部消灭。从此以后便成为柯尔克孜妇女的一个隆重节日。

# 第八章

# 游牧经济的嬗变

## 第一节　富有浓郁民族特色的手工业

柯尔克孜族的传统手工业历史悠久，包括纺织刺绣、木器制作、金属加工、雕刻等。柯尔克孜族手工艺制品图案丰富、造型美观、形象生动，富有鲜明的民族特色和浓郁的生活气息，反映了游牧生活的思想意识和超凡的智慧与才能。

柯尔克孜族以毡制用品著称，柯尔克孜族的花毡子，如希尔达克（补花毡毯）、阿拉克依孜（压花毡毯），以质地结实，色泽艳丽，图案美观而誉满全疆，深得各族群众的喜爱。这些美丽而耐用的花毡，皆是出于柯尔克孜妇女之手，她们擀出的毡子面细而平滑，缝出的花毡如同春天的草原，五颜六色，花色斑斓，招人喜爱。柯尔克孜族妇女制作花毡，是辛苦而细致的劳作，又是充满乐趣的。她们首先将羊毛按不同的颜色和粗细分类，以粗毛擀毡细毛捻线，又将擀出的毡子和捻成的线染成各种鲜艳的颜色，然后以黑毡衬底，将彩色毡子根据不同颜色精心剪成各种各样的图案，再以各种色线将剪成的图案缝制在底毡上，形成一幅完整的美丽图画 。柯尔克孜族妇女制作的花毡上的图案，内容很多，主要图案有刀、枪、剑、戟等古代兵器和雄鹰、山、水、流云以及各种动物。用这些剪贴图案组成一个个不同的画面，缝制出的各种花毡也是各具特色的。柯尔克孜族妇女以她们灵巧的双手，创造着灿烂多姿的艺术——图案艺术。

**绚丽多彩的毡制品** （塞力克摄）

柯尔克孜族的帏幔（突西吐克），是柯尔克孜族历史悠久的房内装饰品之一。绣制帏幔也是柯尔克孜人的传统手工技艺。帏幔的主要材料，一般是用红、紫布做面料，最讲究的材料是红、紫金丝绒。常见的帏幔长 6 米，宽 2 米，也可根据毡房或住房的大小设计其他尺寸。帏幔的上边和左右边镶 15～20 厘米的黑边或绿边，在边上用金线和色线绣成飞禽走兽、大山河流、草原、畜群、波浪和雪峰等。近年来又出现了绣有花草、树木、水果等图案的帏幔。帏幔顶部下垂 3～4 个三四十厘米长的黑色或绿色的三角。三角的边上饰三四厘米长的黄穗或

红穗。三角上面也绣有传统的民族图案。但独特的是帏幔中间却不绣任何图案。整个帏幔的造型，从式样到图案，甚至连帏幔的尺寸，据说都仿照玛纳斯行军时的军帐而设计的。柯尔克孜族的帏幔，绣织精细，做工考究，色泽鲜艳，图案新颖，配色和谐，风格独特，草原气息浓郁，民族特点突出，立体感强。居住在农区和城市的柯尔克孜族人，大多在卧室内挂一幅，使室内显得庄重肃穆，满室生辉，是极为理想的家庭装饰品。现在一些制作民族特需商品的工厂、作坊已成批生产，以供应市场越来越多的需求，深受各族群众欢迎。尤其是来阿图什、喀什等地的旅游者，对柯尔克孜族的帏幔特别喜爱，争相购买，成了市场上的热门产品。随着经济的发展，柯尔克孜族的帏幔在用料、加工上更加考究了。

柯尔克孜族的草编织品大都用芨芨草编制而成。这种编织品就地取材，工艺简单，人人会加工制作，且成本低廉，经济实用，既是生活中不可缺少的生活用品，又是本民族独有的手工艺品。芨芨草在柯尔克孜人眼中比其他植物身价要高得多。柯尔克孜人酷爱芨芨草由来已久，在柯尔克孜族中还流传着这样一个传说：那是玛纳斯在一次追击卡勒玛克人的战斗中，双腿紧夹马肚，双脚紧蹬马镫，挥鞭催马，直追敌寇，但因用力过猛，靴底被

柯尔克孜族的纺织技艺　（崔玉永摄）

蹬掉了。就在这紧要关头，玛纳斯看见路旁有丛芨芨草长得很茂盛，他急忙跳下马，拔了又粗又壮的一根把靴底缝了起来，又急忙跨上了战马，向敌群冲去。等战争结束后，玛纳斯向战友谈起此事，并脱下靴子看时，用芨芨草缝的靴底。依然牢固如初。人们在齐声称颂这是真主在帮助英雄汗王的同时，对芨芨草也倍加称赞。从那时起，芨芨草就身价倍增，在柯尔克孜族居住的地方，用芨芨草命名的地名越来越多，用芨芨草编制的各种生产和生活用品也越来越多了。

每年 9 月，柯尔克孜牧民把满山遍野的芨芨草连根拔下，暴晒数日。晒干后，剥去外皮，取掉根梢，根据需要截成各种长度，然后用染成各种颜色的毛线，按设计的图案和花纹将芨芨草编织成他们需要的毡房门帘、毡房内的墙围、卧室和厨房的隔墙、晒奶酪的晒席和捆草、拴羊的草绳等用品。柯尔克孜族的芨芨草编织品上的美术图案，基本上和他们绣的花毡子上的图案相同，只是采取了独特的编织方法，使这些图案形象生动地活跃在芨芨草编织物上。他们用芨芨草编织的门帘，上面有飞禽走兽，高山瀑布，边上有流云浪花，一个不到两平方米的门帘，将大自然多种美丽的形象皆收其中，使得小小的门帘繁花似锦，别具风采。

柯尔克孜族妇女刺绣手工艺品名目繁多，除了壁毯、围帘，还有头巾、手帕、床上用品等。柯尔克孜族马背上总是驮着一条编制非常考究的胡尔俊，他们身上背的也是小巧精致的胡尔俊。胡尔俊是柯尔克孜族日常生活中不可缺少的日用品，也是他们万能的“百宝囊”。

驮在骆驼背上的大胡尔俊不仅可以将被褥、衣服、食品、用具等全装进去，甚至可以将人也装进去。我们在牧区经常可以看到转场搬迁的牧民，背靠背相依在骆驼背上，而他们的腿，就是装在驼背上的大胡尔俊之中的。一个胡尔俊竟然可以装下两个人，这大概是世界上最大的旅行包了。小的胡尔俊可以小到手掌那么大。柯尔克孜族的胡尔

俊，编织、缝制都很精巧、华丽、讲究。小青年手上装莫合烟的小小胡尔俊，一般是未婚妻赠送的订婚信物，自然是千针万线精心绣制的珍品，这上面不知倾注了姑娘多少心血和情意，绣上了多少美好憧憬。新婚夫妇马背上的胡尔俊，一般都是少女出嫁时的嫁妆，自然是少女千丝万缕精心编制而成。在柯尔克孜草原上，胡尔俊不光是必不可少的日用品，而且是精美的工艺品，它反映了家庭主妇编织手艺的高低。胡尔俊按其优劣的大小，大概可以分为下面几种：苏鲁胡尔俊，意为漂亮的胡尔俊。它的经线是驼绒捻成的原色线，纬线是用羊绒染成的七色线。用这种线编织成各种图案的胡尔俊，不仅美观大方，地方特点、民族特色突出，而且结实耐用，可使用两三代人。在过去，使用这种胡尔俊的人家，只能是草原上的头面人物和富有者。还有一种叫铁尔曼胡尔俊。它是用纯羊绒织成的，用色线织成山、水等图案。外表虽也华丽、美观，但比起苏鲁胡尔俊来，质量就差得多了。但能使用这种胡尔俊的柯尔克孜人，在过去也是拥有一定生产、生活资料的富有者或者是阿寅勒里有一定威望的阿克沙卡尔。总之，这种胡尔俊也是富人用的物件。另外有一种克孜拉纳胡尔俊，意为装东西的胡尔俊。这种胡尔俊用本色羊毛和一两种染色的毛线织成，虽有图案，但由于织料粗，只有几条简单粗线条和方块组成图案，看起来很不起眼。对于赤贫的牧工来说，就只有用一种叫做阿拉胡尔俊了。这是牧工们在放羊时，将羊钻树林和刺丛时挂落的粗毛，一丝一点拣下来，而后分成黑白色，捻成毛线，编织成一条黑、一条白的胡尔俊。这种只有黑白点缀的胡尔俊，虽然不太好看，但它也反映出贫苦牧工的爱美之心；虽然不大，却是贫苦牧工的“百宝囊”，一应物品，全部家当皆装在其内，行走时背在肩上，晚上铺在地上，下雨天顶在头上，刮风时裹在身上，成为牧工们的“万能用具”。

现在，随着人民生活水平的日益提高，胡尔俊虽然已代表不了牧民生活的贫富、财产的多少和家庭主妇编织技艺的优劣，但依然是柯尔克孜族群众生活的必需品。

“百宝囊”——胡尔俊 （塞力克摄）

在柯尔克孜牧民中，皮革制品是他们主要的生活用品，皮衣、皮帽、皮裤、皮鞋、皮袜、皮手套、皮腰带，几乎全身上下都是皮革制品。柯尔克孜族非常重视装饰马具，用粗细皮革制作鞍面、马鞍带、马镫带、缰绳等。马鞭做工精细，镶嵌各种珠宝、金属，可见柯尔克孜族离不开马鞭。在他们外出的马背上，几乎都放着一个装得圆乎乎的整羊皮口袋。这些都是在游牧民族中常见的东西，是不足为奇的。

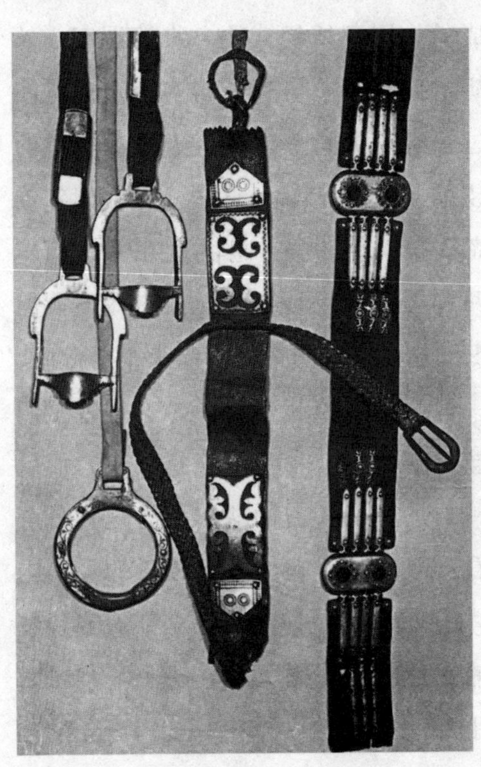
马具 （塞力克摄）

最奇的还是他们用骆驼皮制作的各种用品。柯尔克孜牧民根据骆驼皮不同部位的特点，制成水桶、水壶、饭碗等各种日常用品。这些日用品，既不像铁、木器那样笨重，又不似瓷器那样易碎。不怕甩打，不怕碰撞，它坚固耐用，式样美

观，色泽自然大方，是游牧民族理想的日用器皿。

骆驼皮桶（库乃克），是用骆驼脖子的皮制作的一种汲水用具。柯尔克孜人在宰杀骆驼时，把骆驼脖子剁下来，然后用小刀慢慢剜去皮内的肉，使骆驼脖子上的这块皮成一个整体。然后把外面的毛刮掉，里面的油刮干净，再把一头简单地缝起来。往皮筒内灌满沙子，捣实，使其变成圆形，挂在通风处晒成半干。再倒出沙子，往里面抹酥油和动物油，挂到帐篷的天窗处，让牛粪烟熏过的骆驼脖子皮取下用一块圆形驼皮做底，以牛筋或动物皮割成的细线缝上，其缝线的密度以不漏水为宜。皮桶两侧上面取洞，拴皮绳为提手。这样制作的桶，可盛水、奶 5～6 千克。

骆驼皮壶是用骆驼峰上的皮制成的一种盛水工具。其优点是不怕碰撞甩打，而且耐磨，是骑马跨驼者的理想用具。

骆驼皮碗的加工过程与骆驼皮壶基本相同，只是用料为骆驼两膝的皮。这样制作的皮碗，坚硬光滑，呈金黄色，既美观又耐用。

柯尔克孜人除使用骆驼皮制作用品外，还用各种羊皮制作用品用具，如羊皮桶、羊皮袋等。这虽也是柯尔克孜人世代流传下来的皮制用具，但由于其皮质柔软，且制作简单粗糙，远远不如骆驼皮用具那样美观耐用。骆驼皮制品，长期以来，在柯尔克孜族牧民生活用品中真是鳌头独占，不但羊皮用品不敢相比，就是铁、木用品也相形逊色。骆驼皮制品依然是广大柯尔克孜牧民喜欢的日

**皮壶**　（塞力克摄）

用品。

柯尔克孜族喜爱首饰，他们用黄金、白银、红铜镶嵌制造的耳环、戒指等非常具有民族风格。用铁、铜制造餐具和生活用具，如茶壶、锅、刀剑、纽扣、铃铛等，工艺精致、结实耐用。雕刻动物和龙的形象，与原来他们的图腾崇拜有密切的关系。木制用品在柯尔克孜族日常生活中，既有实用价值，又有艺术价值。他们用松树、红柳及树根制作家具、餐具、乐器、马具、马车等。毡房的栅栏、门框、门柱上都刻有几何图案。木箱、木碗、锅勺都别具特色。柯尔克孜族的木制摇篮，纹饰秀丽，富有民族特点。有种古传摇篮框板上刻画十二生肖或十二星座图像，据说是为了计算孩子年龄、生日和算命之用，体现了柯尔克孜族传统的思想观念。

## 第二节　民族经济的嬗变与发展

古柯尔克孜人主要居住于叶尼塞河中下游，经汉、三国、晋、南北朝和隋等朝，其居住地扩至阿尔泰山、萨彦岭及天山一带，大多以草原、山林地带为主，辅以少量平原，不同的地理条件决定着他们的经济以畜牧业为主，而以农耕、狩猎为次。

西迁之前布鲁特是在平原草原上从事畜牧业生产的，西迁之后则由平原牧场转为高山牧场。这样就导致了牲畜种类的变更，以及转场时间的变化。这一时期，牲畜的种类主要以马、牦牛、羊、骆驼和牛为主，其中马和牦牛占有很重要的地位。无论是作战还是平时生产、生活，马和牦牛都是不可缺少的运载工具。牦牛主要产自帕米尔、阿赖和天山等高原山地地区，这种动物非常适应高原寒冷气候及艰险道路的行走，由于它具有这种良好的适应能力而被大量用于生产和军事目的。

柯尔克孜人在叶尼塞河时，生产、生活条件相对良好，水草充裕，

无冬、夏牧场之分。西迁后由于自然地理环境的改变，使他们丧失了广阔的平原牧场，牧民们在温暖的低山凹地放牧，夏季则进入气候凉爽、水草丰茂的深山游牧。而且同一地区存在多种畜牧经济类型，这是这一时期牧业经济的一大特点。因西迁前后平原草原畜牧业和高山畜牧业的生产经济方式不同，他们失去了以往水草肥美的牧地，畜牧业只有一小部分为纯畜牧业，而大多则与农业经济相结合，大致呈三种类型：纯游牧的畜牧业经济；半游牧的畜牧业与农业经济相结合；半定居及定居的农业与畜牧业经济相结合。

近代柯尔克孜族主要分布于天山以及帕米尔高原的大部分山区，社会经济发展水平相当低下，游牧的畜牧业是经济的主要部门，农业居于次要地位，手工业和商业不发达。地理环境的改变使他们失去了优越的畜牧业生产条件，只有逐水草而居，游牧于崇山峻岭之中，牧场有夏、冬之分，冬季大雪封山，牧民在较温暖的低山窝中放牧，度过严寒的冬天；春季冰雪融化，牧民则进入气候凉爽、水草较丰的深山夏牧场放牧，畜牧业生产几乎依靠大自然的恩赐，无医疗设备，一遇天灾或疾病蔓延，牲畜就成群地死去，从而使许多牧民陷入贫困的悲惨境地。

新中国成立前，柯尔克孜地区生产力水平很低，主要从事畜牧业生产。生产工具极其简单，只有二牛抬杠、砍土镘，有些边远地区还使用木犁耕地。没有科学养畜，加之天灾，以致草场荒芜，畜牧业生产落后。种植业耕作较原始、粗放，不施肥，不锄草，产量很低。柯尔克孜地区没有什么工业，只有一个人工挖掘的小煤窑。有些家庭手工业产品有羊毛制的毯子、马鞍、口袋、毛盖头，驼毛织的布，羊皮制的马奶袋、皮衣、皮帽、皮带，铁制的马镫、马掌、马嚼、斧头、铁锹，木制的犁、碗、勺以及铁制或银制的首饰等。铁器、银器的原料是外地运来的，其他的就地取材。产品多供自已使用。此外，柯尔克孜族还靠打猎、伐木、挖矿和运输等副业维持生计，但新中国成立前由于牧区交通闭塞，贸易滞后，这些副业生产也未得到发展。

柯尔克孜族居民在很长一段时间里经济形式没有发生太大的变化，原因大致有这样几点：①自然环境恶劣。柯尔克孜族居民绝大部分生活在高山峻岭之中，气候严寒，条件艰苦，交通不便，信息不通，柯尔克孜族牧民长时期保持着古老的游牧生产生活方式。②国内政治大气候的影响。中国自鸦片战争以来，长期处于被动挨打的局面，统治阶级不思进取，社会处于停滞状态。中国成为列强的一块肥肉，任人宰割。由于封建势力的压抑，资本主义生产方式处于畸形发展之中，中国资产阶级从诞生起就具有先天不足后天失调的特点，1911 年辛亥革命未能将中国从封建主义的泥潭中拉出来，中国仍处于政治发展滞后，社会经济发展缓慢的境地。在这种大的政治环境下，新疆本来就较内地落后，而保持着“逐水草而居”经济形态的柯尔克孜族社会经济发展更为滞后、缓慢。③商品经济不发达。柯尔克孜族居民千百年来以游牧为生，没有经商的习俗。大多数情况下都是其他民族的商人到柯尔克孜族驻牧地进行商品交换，而绝少有柯尔克孜族牧民出外经商的。柯尔克孜族长期以来经济生活单一，自身缺乏活力，也没有来自外界的推动力。

尽管如此，进入 20 世纪后，我国柯尔克孜族聚居区社会经济虽然是缓慢地、然而还是不可阻挡地在发生着变化。新疆省人民政府先后在柯尔克孜族地区建立起 3 个县级行政机构。在经济方面，一些先进的牧业知识和优良牲畜品种通过政府行为传入柯尔克孜族地区。近代交通通信设施也缓慢地出现在新疆的西北地区。

1952 年，党中央提出要逐步实现国家对农牧业、手工业和工商业的社会主义改造，为柯尔克孜地区的稳定和发展打下了良好的基础。其发展阶段可分为四个时期：一是起步阶段（1952～1957 年）。这一

阶段完成了对农牧业、手工业、工商业的社会主义改造，提高了人民的劳动积极性。二是初步发展阶段（1958～1977 年）。由于经济建设受国家政治运动的干扰和指导思想的失误，工农业生产不仅没能得到较快发展，反而造成了很大损失，国家投入的大量资金也没有得到应有的效益。三是调整阶段（1978～1980 年）。从思想上纠正了长期以来在“左”的思想指导下的一套老做法，使工业由优先发展重工业向发挥本地资源优势、发展轻工业的方向转变。在这一阶段，农村承包责任制的实施极大地解放了农村生产力。但农业仍被当做唯一的国民经济，工业、商贸未能受到足够的重视。四是迅速发展阶段（1980 年以后）。党中央实施的改革开放政策尤其是在 1992 年邓小平南巡讲话后，为柯尔克孜地区经济发展注入了新的活力。

改革开放以来，根据克孜勒苏柯尔克孜自治州实际，始终把发展大农业放在经济建设的主导地位，积极推行和完善农牧区家庭联产承包责任制，农、林、牧、副、渔同时发展，提高了农业机械化水平。

**柯尔克孜族妇女在做刺绣**　（清泉摄）

林业生产数十年坚持造林和护林相结合，有了长足发展。克州有丰富的矿藏和农畜产品，但在新中国成立前，这里除了少数几户家庭作坊外，几乎没有工业。新中国成立后，陆续办起了一批工业企业，使它们得到很好的开发。水电事业和财政金融事业也得到健康发展。

经过六十多年的发展，柯尔克孜地区各项经济建设从无到有，从小到大，得到了加强，而且整个经济结构也发生了质的变化。柯尔克孜族地区已由一个落后的农牧区，逐步变为一个既有发达的农牧业作基础，又有现代化的能源工业、纺织工业、机械制造工业、建材工业、食品加工、粮油、皮革、印刷等工业为支柱，还有繁荣的商业和对外贸易事业共同发展，能够充分发挥自然、经济优势和产业结构日趋合理的地区。柯尔克孜族由几千年来单一的游牧、农耕、狩猎和手工业生产，向着多种经济、多种产业结构过渡。

随着改革开放的深入，柯尔克孜地区的工业、交通、商业、邮政、电信等事业得到了长足的发展。吐尔尕特口岸和伊尔克什坦口岸的开放，使克州充分利用自己的地缘优势，把对外贸易搞得很有起色。

# 第九章

# 知识的积累　智慧的结晶

## 第一节　知识就是力量

新中国成立前，柯尔克孜族聚居区教育事业十分落后，只有少数较富裕的牧民和牧主的子弟才有条件到附近较大的城市（如喀什、阿克苏）上学。新疆财政厅在毛泽民任厅长时曾拨了一批专款在柯尔克孜族地区创办学校，1933 年年底成立的柯尔克孜文化促进会（以下简称柯文会）为推进本民族教育事业做出了突出贡献。柯文会在喀什、乌什、乌恰、英吉沙、伽师、疏附、阿合奇等地均有分支机构，工作主要是办学校、扫盲、宣传鼓动工作。自 1937 年以后，由于共产党人活动的加强，进步知识青年在柯文会里的比重日益加大。经费主要来自民间。创办的学校遍布柯族聚居区。此外，喀什市还办有柯尔克孜小学，喀什师范学校设有柯尔克孜班，小学分中心小学和分校两种；有的是男女合校，有的是男女分校。会立学校的经费和学生用的书籍都由柯文会支给和供应，入学的贫苦学生还可以得到一定的补助。为了使孤儿能够入学，柯文会还办了一些孤儿学校，学生的衣、食都由柯文会供给。柯尔克孜族的子弟到喀什、阿克苏、乌鲁木齐等地上中学的人数也日渐增多，并且还有少数人到苏联留学。这一时期的“民众学校”专职扫盲，在成年教育方面，柯文会也做了不少工作。但是，柯文会所取得的这些成绩毕竟是有限的，没能改变大部分柯尔克孜人民无法受教育的现实。另外，少部分柯族接受的是经堂教育，读宗教经典。

新中国成立后，柯尔克孜族地区的教育事业发展很快，在广大柯尔克孜族聚居的农牧区，大都普及了小学教育，基本上做到了每一个阿寅勒都有初级小学，每一个行政村有完全小学。根据柯尔克孜族牧民居住分散、流动性大的特点，为解决其子女上学的困难，政府在牧区曾先后试办过半日制小学、流动小学（马背小学）以及寄宿学校。这些灵活的办学形式都取得了一定的成绩，为柯尔克孜族牧民子女入学提供了方便，牧区学龄儿童的入学率在80%以上，部分条件好的地方达到95%以上。在城镇，柯尔克孜族学龄儿童的入学率巩固率都达到了100%。

柯尔克孜族的农民在看《玛纳斯》 （严鹏举摄）

柯尔克孜族的中等教育主要是普通中学教育，已经做到了农牧区乡乡有初中，县以上城镇有高中，从根本上改变了柯尔克孜族的教育事业面貌。1958 年成立的克孜勒苏自治州师范学校，主要任务是为柯尔克孜农牧区培养师资。另有一部分柯尔克孜族学生在自治州、自治区以及其他省区的中等专业学校学习和进修。

中国柯尔克孜族无专门的高等学府，仅在中央民族大学办有柯尔克孜语班。进入高等学府深造的柯尔克孜族学生，大都是在柯尔克孜语中学毕业后再攻学维吾尔文或者从小在汉语学校或维吾尔学校上学的学生，以考取用汉语文或维吾尔语文授课的大学深造。柯尔克孜族的成人教育主要有两种：一是在广大农牧区进行扫盲教育；二是党和人民政府选送大批柯尔克孜族干部到各级各类学校进修深造，提高其文化知识、理论水平和业务能力，有不少柯尔克孜族州、县、乡三级领导干部及一般干部被选送到各级党校和各类学习班学习，成为柯尔克孜族干部中的骨干。近年来参加电大、函大等学习和参加成人高考、自学考试的柯尔克孜族职工也为数不少。

## 第二节　神奇的柯尔克孜医

柯尔克孜族与其他民族一样，有传统的民族医术和医药，他们在与疾病作斗争的过程中，积累了丰富的医疗经验，形成独具特色的民族医疗法和医药体系，尤其是流传在民间的药方，在临床医疗中具有一定的疗效。

柯尔克孜族长期游牧于高寒偏远的山区，医疗卫生保健条件极差，牧民们生病得不到治疗，人口死亡率极高。伤寒、鼠疫、麻疹、梅毒、肺结核、小儿黑热病等流行病、传染病到处流行、蔓延，严重地威胁着广大柯尔克孜族人民的健康和生命。过去牧区的妇女生下孩子后就用刀子割脐带，因此常常使婴儿死于破伤风或脐带出血。由于缺医少药，牧民们一旦生病，只能请来巫师念经。在牧民眼中，普遍认为水疗万能，即每天不进食，只喝水，一喝就是几天甚至十几天。也有喝很稀的稀饭的，作用和喝水一样。也有用出血的办法，在额头或其他位置放血，有时血流如注，也难治愈。这些土方法也有治好病的，但大多数并无效果，多有延误病情而致死亡。牧民们长年生活在草原和山林里，大多认识许多草药，常见病多靠挖草药进行治疗。在民间还有一些懂得接骨的人，他们凭借触觉可把折断的骨头接起来。另外，柯尔克孜族民间的萨满巴克西主要的神职是驱魔治病，如有人生病，便请巴克西驱邪祛病。另一种为乌楚克塔西的巫术，如患头痛、牙痛、肚子痛、发烧等，用一块浸过水的破毡片或烂鞋垫拍打痛处，以为这样可使病魔离去，病即痊愈。20 世纪 50 年代后，随着医疗条件的逐步改善，以巫术祛病驱邪之俗逐渐减少。

早在柯尔克孜人居住在叶尼塞河流域时就已开始用单方和草药为患者治病和为伤者医伤。当时，就曾用狮胆擦在伤口上医治战伤，同时以鹿肉增强伤员的恢复能力，把狼胆擦在肿处，以治疗肿痛，把盘羊胆和草药混合煎服以治疗消化不良和腹胀等病。到 8～9 世纪，柯尔克孜民间已开始用触诊（摸脉）诊断病情，在治疗上除利用各种草药、矿物质和动物肉、内脏等以内服、外敷等方式治疗疾病和外伤外，还多用食疗。对于凉性的病，多用鹿肉、野马肉、盘羊肉等营养品进补；对于热性的病，则多以服清淡的凉性食物以降火，同时还开始以动物的血、肝、胆等与中草药一起制药医病。到了 17～18 世纪，柯尔克孜医有了进一步的发展，这时民间医可把疾病分成受凉的疾病、受热的疾病、受湿的疾病、受气的疾病 4 种类型，并采取祛寒、退烧、祛湿、理气等不同方法进行对症治疗。通过调查，不仅初步了解了柯尔克孜民间医药的历史发展情况，搜集、整理了大批单方、偏方等治疗方法，

而且发现了不少历史上有影响的民间医生的资料和事迹。这一调查对发展柯尔克孜医药事业提供了大量的资料。

元代的柯尔克孜人已会采山丹、芍药，说明他们当时已知用草药治病。现在他们仍用莫约日约克苏（一种树上渗出来的液汁）治疗外伤、过敏性皮炎等，据说很有效。他们还用狼的胆囊、熊油治疗高山常见病，均有一定疗效。在家畜中，主要以马的肉、奶、心、骨，羊的肉、油、肾、眼，骆驼肉、奶等入药治病；野生动物入药的主要有刺猬、狼、兔子的肉及其内脏；飞禽主要以雪鸡、雉、石鸡、鹊、麻雀、斑鸠等的肉、骨、内脏入药；矿物入药的有铁矿石、磁铁石、明矾、铜、金、银、石膏、芒硝等；用野生植物入药的较多，主要有党参、麻黄、甘草、蒲公英、骆驼蓬、艾蒿、柏仁等。这些民间偏方，长期以来成为广大农村牧区柯尔克孜人防病治病的主要药方，有不少至今仍然沿用，有部分已应用在医疗部门的临床上，有的正在进一步搜集整理。

1954 年，克孜勒苏柯尔克孜自治州成立后，柯尔克孜人民的卫生保健条件逐渐得到了改善。柯尔克孜地区的卫生事业发展较快，特别是改革开放后，自治州的医疗、预防保健、教学、科研等各类卫生机构已初具规模，城乡医疗卫生服务体系已基本形成。

柯尔克孜民族医药是柯尔克孜族人民长期以来同各种疾病作斗争以求生存的经验总结，是柯尔克孜人民智慧的结晶，是中国优秀文化遗产的重要组成部分。为了挖掘此民间医疗遗产，调查柯尔克孜民间医学的历史、流传情况以及民间医药的用药特点，搜集、整理民间单方，丰富柯尔克孜医的临床应用，克州卫生局组织州骨科医院柯尔克孜医药科的专业人员对柯尔克孜医药进行了细致的全面调查，通过查阅有关历史文献资料，调查采访老人，记录整理民间传说，搜集民间流传的单方、偏方，对搜集来的单方进行分类整理并逐步进行病理、药理分析，写出了详细的调查报告，并且编成了《柯尔克孜医药》一书。

## 第三节　观天象知天气

柯尔克孜族传统的游牧生产与气候的变化关系密切，何时配种，何时接羔，何时转场搬迁，何时剪毛，何时宰牲熏肉，何时加工畜产品，何时准备饲料等，都要根据气候的变化来决定。柯尔克孜先民们经过长期观察，发现天文现象的变化与气候有密切的联系，于是，他们根据天文现象的变化来确定季节节令，预报天气等。

柯尔克孜人主要根据星宿的运行来确定四季。他们发现白羊座、巨蟹座、天秤座、山羊座、摩羯座等行星的运行与四季变化有关，于是便根据这些星座的变化来确定四季的开始与结束。另外，他们还根据昴宿星的运行规律来分辨节令，如他们认为，昴宿星一年一度第一次出现时，说明炎热的夏天已过，凉爽的秋天即将来临。昴宿星的出没，一般都在立秋、白露、寒露、立冬、小寒、惊蛰、清明等日期，其后，在40天时间内见不到昴宿星。柯尔克孜人把这个时期称为昴宿落地或昴宿落水时期，这一时期也是夏季伏天时期。他们认为，昴宿落地时，往往发生干旱；昴宿落水时，则出现多雨天气。

柯尔克孜人还根据星宿的变化来预报天气。例如，他们认为冬天太阳周围出现大红晕时，第二天或第三天必下大雪；如果出现小红晕，则第二天天气变冷，会下小雪；如果日出后出现小红晕，第二天天气会明显变冷；如果在日落时出现小红晕，第二天的气温上升。冬季黄昏时，如果在东南方向出现金星，则第二年的一月、二月、三月气温升高，反之，气温较低。秋季时节，如果西南方向出现金星，则冬季多雪，天气寒冷。

柯尔克孜族把十二生肖纪年法称为“穆确力历”。纪年方法是：“谓岁首为茂师，谓月为哀，每三哀为一时，以分春、夏、秋、冬；以十二属纪年，假如岁在子则谓之鼠年，在戌则谓之狗年，与回鹘同也。”《新唐书》中也有类似的记载。穆确力历以十二年为一周，六十年为一个纪元，以十二种动物的名称作为每年的名称，这十二种动物在纪年时的排列顺序是：鼠、牛、虎、兔、鱼、蛇、马、羊、狐狸、鸡、狗、猪。

除了十二生肖纪年法，还有比较完整的纪月的历法。柯尔克孜人以春分日（公历3月21日左右）为一年的开始，元月亦从春分日起算。十二个月的名称各地不一，其中一种说法是：元月——巴什阿依，美月——阔锐克阿依，布谷鸟月——库库克阿依，伏天月——齐力德阿依，金黄月——撒尔哈阿依，公羊绑兜月——公羊分群月（克尔亏约克阿依），落叶月——米扎木阿依，修圈月——喀热哈阿依，拴锅月——熏肉月（喀赞阿依），积食月——康塔尔阿依，白雪月——阿克番阿依，末月或老月——恰里阿依。1～6月为31日，7～11月为30日，12月为29日，全年共365天。这些月份名称有的与气候有关，有的与生产有关，有的与动物有关。

古柯尔克孜人也将十二个月根据日、月、星辰的运行情况以及日食、月食、流星等天文现象来划分并以十二个星星的名字命名，它们是：一月（库喔孜）、二月（约吾孜）、三月（阿日阿尼的尔）、四月（古朱克）、五月（阿尔斯拉尼）、六月（斯尼布列克）、七月（塔日阿扎）、八月（恰孜阿尼）、九月（加阿）、十月（乌拉克）、十一月（克不尼克）、十二月（巴勒克）。

这种纪月的历法，经过一段时间使用后，柯尔克孜人又改用以动物名称及星星、月亮的运行情况纪月，它们分别是：一月（加力阿尼库尔阿尼）、二月（奇尼库日阿尼）、三月（布谷一鹿）、四月（台克一野公山羊）、五月（乌力加—野公绵羊）、六月（巴西奥纳，意为最初搬迁转场的月份）、七月（阿牙克奥纳，最后搬迁转场的月份）、八月（托吾孜尼阿依、皆捉尼阿依）、十月（白西的阿依）、十一月（玉奇的尼阿依）、十二月（比尔的阿依）。由此可知，古柯尔克孜人已将历法用于指导生产活动，至今有些柯尔克孜地区仍然使用。

生活在天山西部和西南部的一些部落使用的纪月名称则不同，其十二个月的名称为：黑尾羊月（加力干库然或阿巴勒库然）、大黑尾羊月（秦库然或冲库然）、鹿月（布谷）、野羊月（库力加）、山羊月（铁凯）、前羚羊月（巴什奥兀那）、后羚羊月（阿雅克奥那）、初九月（托古孜丁阿依）、初七月（吉提丁阿依）、初五月（别什丁阿依）、初三月（于齐丁阿依）、初一月（比尔丁阿依）。

居住在帕米尔高原一带的柯尔克孜部落的纪月名称又完全不同，他们以星座名称纪月，十二个月的名称分别是：白羊月（阔祖）、金牛月（吾月）、双子月（盖再克）、巨蟹月（库秋克）、狮子月（阿尔斯兰）、室女月（孙布勒克）、天秤月（米扎木）、天蝎月（恰颜）、人马月（贾）、摩羯月（乌拉克或特克）、宝瓶月（阔乃克或代力外）、双鱼月（巴勒克）。

柯尔克孜族信仰伊斯兰教后，还使用过伊斯兰历。新中国成立后，主要使用公历。

# 参考文献

1. 班固．汉书·匈奴列传．卷 94 下．中华书局，1974

2. 范晔．后汉书·南匈奴传．中华书局，1974

3. 陈寿．三国志．卷 30. 中华书局，1974

4. 令狐德棻．周书·列传 42 异域下·突厥传．卷 50. 中华书局，1974

5. 李大师，李延寿．北史·突厥传．卷 99. 中华书局，1974

6. 魏征．隋书·铁勒传．卷 84. 中华书局，1974

7. 宋祁，欧阳修．新唐书·回鹘传．卷 217. 中华书局，1974

8. 刘昫．旧唐书·李德裕传．卷 174. 中华书局，1974

9. 乐史．太平寰宇记·黠戛斯．卷 197. 影印本

10. 李德裕．李文饶文集．卷 11. 中华书局，1974

11. 宋濂，王祎．元史·地理志·西北地附录．卷 63. 中华书局，1974

12. 宋濂，王祎．元史·世祖纪．卷 15. 中华书局，1974

13. 宋濂，王祎．元史·成宗纪．卷 18. 中华书局，1974

14. 宋濂，王祎．元史·刘哈喇八都鲁传．卷 169. 中华书局，1974

15. 官修．清实录．卷 253. 影印本

16. 傅恒．钦定平定准噶尔方略正编．卷 75. 影印本

17. 官修．钦定大清会典．卷 68. 影印本

18. 祁韵士．西陲总统事略．卷 11. 影印本

19. 椿园．西域闻见录．卷 3《外藩列传》．影印本

20. 刘统勋．钦定皇舆西域图志．卷 45《藩属二》．影印本

21. 傅恒．钦定平定准噶尔方略．正编卷 23. 影印本

22. 傅恒．平定准噶尔方略．续编卷 14. 影印本

23. 西域图志．卷 45. 影印本

24. 西陲要略．卷四．影印本

25. 徐松．新疆识略．卷十二．影印本

26. 杜荣坤，安尼瓦尔．柯尔克孜族．民族出版社，1991

27. 国家民委五丛办编．柯尔克孜族风俗习惯．新疆人民出版社，1986

28. 吉谢列夫著，新疆社会科学院民族所译．南西伯利亚古代史．1985

29. 柯尔克孜族简史编写组．柯尔克孜族简史．新疆人民出版社，1986

30. 新疆地方志办公室编．新疆年鉴（1997 年）．新疆年鉴社出版，1997

31. 毛公宁．关于制定自治区自治条例的难点及对策．民族团结，1994（9）

32. 克孜勒苏柯尔克孜自治州人民政府办公室、州统计局．克州五十年社会经济统计资料

33. 苗普生．伯克制度．新疆人民出版社，1995

34. 新疆维吾尔自治区党委政研室、农村工作部．新疆牧区社会．

农村读物出版社，1988

35. 新疆社会科学院历史研究所编．新疆地方历史资料选辑．人民出版社，1987

36. 新疆社会科学院历史研究所编．新疆简史（第二册）．新疆人民出版社．1986

37.《西域史论丛》编辑组．西域史论丛．新疆人民出版社，1985

38. 潘志平．布鲁特各部落及其亲缘关系．新疆社会科学，1990（2）

39. 苗普生，田卫疆．新疆史纲．新疆人民出版社，2004

40. 杨建新．中国西北少数民族史．宁夏人民出版社，1988

41.《伊犁柯尔克孜人》编写组．伊犁的柯尔克孜人（柯尔克孜族文）．新疆人民出版社，2004

42. 余骏升．新疆文史资料精选（第2辑）．新疆人民出版社，1979

43. 1916年吉尔吉斯斯坦起义．比什凯克：吉尔吉斯斯坦出版社，1996

44. 包罗杰．阿古伯克传．商务印书馆，1976

45. 万雪玉，阿斯卡尔．柯尔克孜族：历史与现状．新疆大学出版社，2005

46. 扎克洛夫·萨帕尔别克．吉尔吉斯部落史（吉尔吉斯文第1版）．比什凯克：吉尔吉斯斯坦百科全书出版社，1996

47. 奥·芝·奥斯曼诺夫，阿·阿·阿萨恩卡诺夫．吉尔吉斯斯坦史（吉尔吉斯文第1版）．比什凯克：“艾尔肯套”出版社，2001

48. 凯恩西·居斯波夫．吉尔吉斯人（吉尔吉斯文第1版）．比什凯克：吉尔吉斯斯坦出版社，1992

49. 阿斯卡尔·阿卡耶夫．吉尔吉斯共和国及玛纳斯史诗．星火出版社，2002

# 后记

柯尔克孜族是具有悠久历史文化的中国少数民族之一，有关她的汉文记述不论是普及性的或是研究性的都很少。承蒙中国人口出版社委托，本人承担了《中国少数民族人口丛书·柯尔克孜族》的编写工作，这不仅是对本人学术工作的肯定，更是整个柯尔克孜族的荣耀。该著作为发展中的柯尔克孜族研究注入了新鲜血液，使人们对她的了解更进了一步。

在本书的编写过程中，得到了新疆维吾尔自治区文联赛娜副研究员的大力支持，新疆师范大学美术学院赛力克老师提供了珍贵的图片资料。广州集成图像有限公司也提供了部分图片，中国人口出版社何军女士出力尤多，在此一并感谢。

限于篇幅，言不尽意，是为后记。

阿斯卡尔·居努斯

2013年5月28日